GALERIE

FRANÇOISE.

GALERIE FRANÇOISE,

O U

PORTRAITS

DES HOMMES ET DES FEMMES CÉLÈBRES

QUI ONT PARU EN FRANCE,

Par M. GAUTIER DAGOTY le Fils.

On y a joint un Abrégé de leur Vie, puifé dans les meilleures Sources.

——— Sui memores alios fecêre merendo.
Virg.

A PARIS,

Gravé par M. GAUTIER DAGOTY le Fils, rue S.ᵗᵉ Barbe, près Bonne-Nouvelle.

Et fe trouve

Chez HERISSANT le Fils, Libraire, rue Saint-Jacques.

M. DCC. LXX.

AVEC APPROBATION ET PRIVILEGE DU ROI.

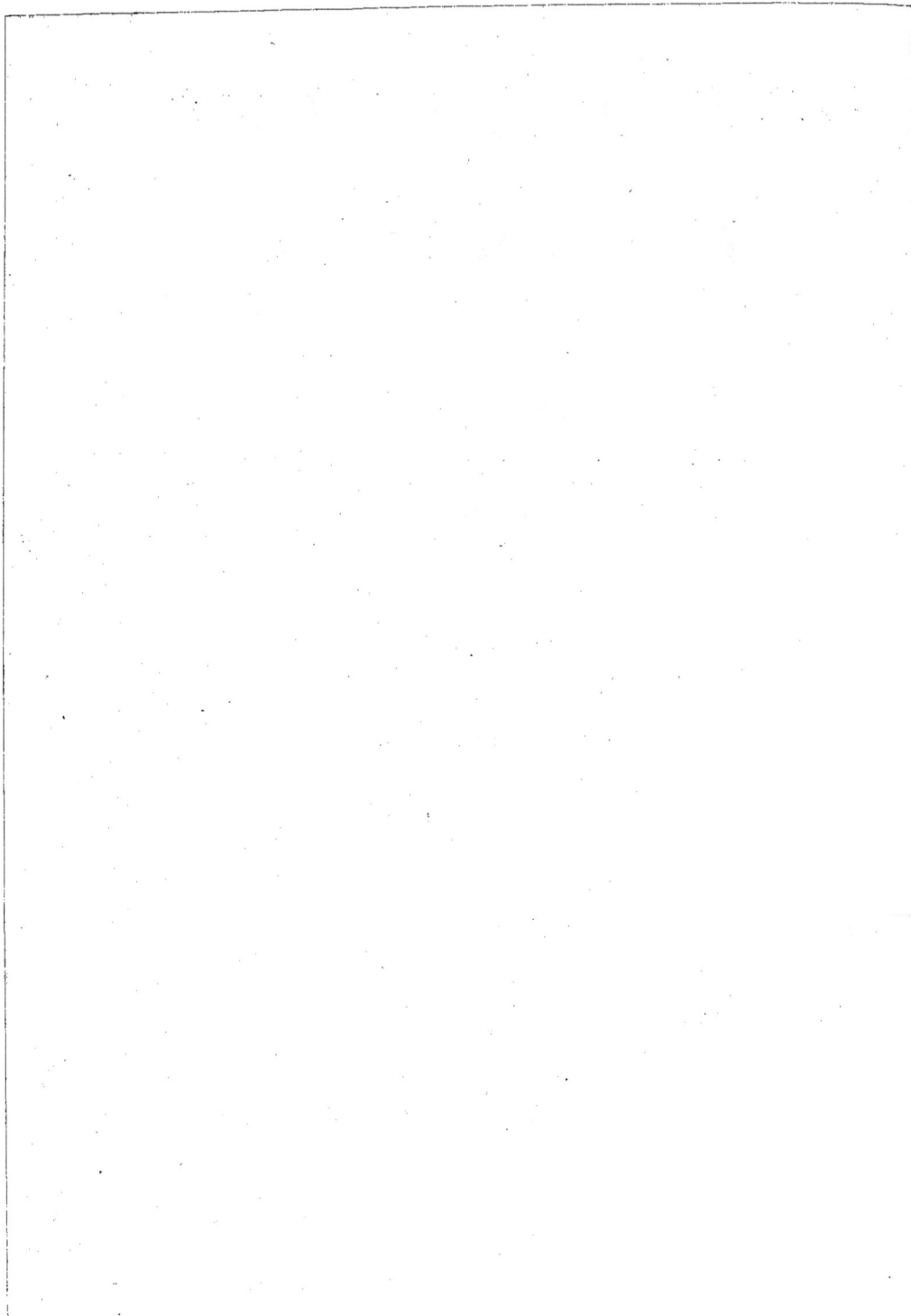

PRÉFACE

DES AUTEURS.

ON a déja tenté de donner au Public des Collections de Portraits d'Hommes célèbres; mais il n'en est aucune de complette : & l'on ne craint point de dire que tout ce qui a paru dans ce genre, doit être regardé comme très-imparfait. Nous nous flattons qu'on n'aura pas le même reproche à faire au nouveau RECUEIL que l'on présente aujourd'hui.

On n'a rien négligé pour rendre cet Ouvrage aussi agréable qu'utile. Le format que l'on préfère est le plus commode : on a fait choix du plus beau papier, & apporté les plus grands soins à la partie Typographique. Tous les Portraits sont gravés d'après les Maîtres les plus habiles.

Le genre de gravure qu'on a adopté, & qui tient le milieu entre le dessin estompé noir & blanc, & la manière noire, réunit un double avantage. Aucune espèce de gravure ne colorie avec plus d'effet, & ne rend les ressemblances avec plus d'exactitude & de vérité : ce genre est d'ailleurs susceptible d'une plus prompte exécution que la taille-douce ordinaire.

Les Portraits des personnes célèbres suffiroient sans doute pour intéresser. Cependant, comme on se rappelle toujours avec plaisir les différentes particularités de leur vie, nous avons jugé à propos de

Mai 1770,   *a*

joindre ici celles qui nous ont paru pouvoir inſtruire ou plaire davantage. Les détails trop minutieux ſeront évités avec ſoin : ils ne doivent être admis dans aucun ouvrage ; encore moins dans un Eloge
ſuccinƐt. Nous nous attacherons principalement à réunir ſous un
point de vue rapide les traits les plus capables de donner une idée
juſte & préciſe du caraƐtère, des mœurs & du génie particulier de
chacun des perſonnages repréſentés dans ce Recueil. C'eſt dans les
aƐtions de la vie privée qu'on peut apprendre plus ſurement à juger
les hommes.

En parlant des Souverains qui ont illuſtré le trône, des Capitaines
& des Miniſtres qui ſe ſont diſtingués, on ne manquera pas de rapporter les principaux événemens des temps où ils ont vécu : leur
hiſtoire eſt preſque toujours celle de leur ſiècle.

C'eſt dans les Auteurs les plus accrédités que nous puiſons les
faits qui compoſeront le précis hiſtorique dont chaque Portrait doit
être accompagné : ſouvent même on empruntera leurs propres expreſ-
ſions, quand elles peindront avec force & avec vérité : le plus ſouvent auſſi on tranſcrira fidélement les paroles mémorables de ceux qui
les ont prononcées. Une ſaillie, qui eſt le jet de la nature, peint
quelquefois plus naïvement le caraƐtère & le génie, qu'une belle
aƐtion ou qu'un bon ouvrage, qui ne ſont trop ſouvent que les efforts
de l'art & de la réflexion.

Les perſonnes illuſtres du ſiècle où l'on vit, intéreſſent davantage
que celles qui ont brillé dans des temps plus éloignés, ſoit parcequ'on
a été à portée de les voir, ſoit parcequ'on les connoît par le récit de
ceux qui les ont vues. On s'eſt donc propoſé de commencer cet
Ouvrage par les portraits des grands Hommes de notre ſiécle,
dans tous les genres. Les ſiècles précédens viendront après ; mais
toujours en prenant le plus voiſin du nôtre.

Chaque Cahier, comme on l'a déja annoncé dans le *Profpectus*, fera compofé de fix Sujets. On n'y inférera point les perfonnes vivantes. On aura foin, autant que l'on pourra, de ne pas préfenter à la fois deux perfonnages qui ont parcouru la même carrière avec fuccès. Les talens mettent de niveau tous les rangs ; ainfi l'on n'héfitera point de placer un fimple Artifte fans naiffance, à côté d'un autre grand Homme recommandable par le nombre de fes aïeux. On décorera auffi de temps en temps cette Collection, des portraits des Femmes les plus célèbres : ce fera une occafion de rendre hommage aux graces & à la beauté.

Le premier Cahier que nous donnons aujourd'hui, eft compofé des Portraits du DAUPHIN dernier mort, du DUC D'ORLEANS Régent, de LOUIS XIV, de LOUIS XIII, de HENRI IV. & d'un Frontifpice qui forme la première Gravure.

On s'eft écarté dans ce Cahier de la regle qu'on s'eft prefcrite pour les fuivans. Quoique nous nous foyons interdit de mettre les Portraits des perfonnages vivans, on ne pouvoit fe difpenfer d'y placer celui de LOUIS *le Bien Aimé*. Quel autre auroit paru plus avantageufement à la tête d'un ouvrage qui doit contenir les Portraits de tous les Princes aimés de leurs Sujets? Il eft repréfenté allégoriquement dans un médaillon que tient la France fous la figure de Minerve, & qu'elle préfente à l'Hiftoire & à la Peinture. On n'a rappellé aucun des traits qui doivent le rendre cher à fes peuples : ne fuffit-il pas qu'ils foient gravés dans leur cœur ?

On a mis dans le premier Cahier les Portraits de plufieurs Souverains. Pouvions-nous préfenter cet Ouvrage fous de plus heureux aufpices, qu'en réuniffant d'abord les Princes de la branche illuftre qui eft affife fur le trône? Le Monarque qui prépara notre fiécle, devoit naturellement y occuper une des premières places :

P R É F A C E.

l'Hiftoire de *Louis le Jufte* eft trop liée à celle de fon fucceffeur ; pour en être féparée : & dans un Recueil offert à des François, pouvoit-on omettre le Portrait de *Henri IV* ?

Nous ofons efpérer qu'un Ouvrage qui raffemble en même-temps les Portraits & l'Hiftoire de toutes les perfonnes dont le nom, les actions & les écrits doivent être chers au Public, ne peut qu'en être reçu favorablement. Il n'eft point de claffe de Citoyens auxquels il ne puiffe convenir ; mais il eft principalement fait pour tous ceux que le defir de la gloire anime, & qui tendent à s'ouvrir une route vers l'immortalité. Ces derniers doivent regarder ces Portraits comme autant de Tableaux de famille.

On ne fera point étonné de trouver dans cette Collection quelques Grands Hommes à qui la France n'a point donné le jour. Il fuffit qu'ils lui aient confacré leurs talens, pour avoir droit à notre reconnoiffance : en fixant leur féjour parmi nous, ils font devenus nos concitoyens,

Ros. pinx.   Gaut. Dag. Sculp.

LOUIS IX DAUPHIN

LOUIS IX,

DAUPHIN DE FRANCE.

Louis IX, Dauphin de France, naquit à Verfailles le 4 feptembre 1729. Sa naiffance mit fin aux allarmes & aux craintes dont l'État étoit agité depuis long-temps.

Perfuadé que celui qui gouverne doit être plus éclairé que ceux qui font gouvernés, il eft peu de connoiffances qui ne lui parurent dignes de fon application. Les beaux Arts & les Sciences furent tour-à-tour l'objet de fa curiofité. L'étude de la Littérature, tant ancienne que moderne, fixa d'abord fon attention : parmi les Arts, la Mufique fut celui qu'il aima davantage ; elle prépara fon ame à la fenfibilité. La lecture des livres philofophiques fervit à former fon efprit ; la Logique de Port-Royal lui donna les principes du raifonnement, & en méditant fouvent les Ouvrages immortels de Defcartes, de Mallebranche & de Locke, il apprit à penfer de lui-même.

C'eft alors qu'il fe crut propre à faire les premiers pas dans la fcience du gouvernement ; mais il fe forma d'abord un plan raifonné de toutes les parties qui en dépendent. Bientôt il s'inftruifit dans l'étude du Droit public, de l'origine & de l'étendue du pouvoir fouverain, du rapport des Nations avec les Nations, & des devoirs refpectifs des Souverains & des Peuples. Rien ne lui échappa : il réfléchit même fur le Droit de la Guerre ; mais il ne s'y arrêta que pour déplorer les malheurs que ce droit barbare entraîne après lui.

Du Droit public il paffa à l'Hiftoire qui en eft la bafe ; en peu de temps il en approfondit les myftères ; il en parcourut toutes les branches, & ne la quitta qu'après y avoir acquis une connoiffance parfaite des hommes. Il s'appliqua fur-tout à bien connoître ceux qui ont occupé le Trône : en pleurant fur les vices de Néron, les vertus de Titus pafsèrent dans fon ame.

Celui qui eft deftiné à donner des Loix, doit étudier avec foin celles qui ont régi le monde avant lui. Il doit principalement s'attacher à connoître les Loix de fon pays : ces deux objets fixèrent fucceffivement les regards du Dauphin. Il apprit avec Montefquieu, qu'il admiroit fans aveuglement, & qu'il combattit quelquefois avec avantage, à généralifer fes idées fur la légiflation. Le chancelier d'Agueſſeau fut ſon guide quand il voulut les particulariſer : mais il ne conſulta que ſon cœur, lorſque deſcendant dans les détails obſcurs de nos loix criminelles, il s'occupoit plus du ſoin de prévenir les crimes, que des moyens de les punir.

Tous les objets de l'économie politique lui parurent mériter une attention particulière. Il ne négligea pas non plus l'art de la Guerre ; quoiqu'il fût éloigné d'en vouloir faire uſage, il ne croyoit pas inutile d'en connoître les règles. Le cercle de ſes connoiſſances s'étendit encore : l'Hiſtoire naturelle, la Phyſique, les Mathématiques, la Marine, toutes ces Sciences furent du reſſort de ſon génie.

Pour s'en faciliter l'étude, il avoit ſoin d'occuper les hommes les plus habiles dans chaque genre à lui compoſer des mémoires, & à lui indiquer les ſources qu'il devoit conſulter ; c'eſt ainſi qu'il eſt devenu lui-même Auteur, & qu'il a rédigé ces écrits précieux, dont l'État eſt dépoſitaire. Depuis environ l'âge de vingt ans, il ne ſe contentoit pas de donner au travail ſept à huit heures du jour, il y conſacroit ſouvent une partie de la nuit. Le mauvais état de ſa ſanté, dans les trois dernières années de ſa vie, ne fut pas même capable de ralentir ſon ardeur.

Les vertus du DAUPHIN furent encore au-deſſus de ſes talens : né avec des paſſions ardentes, il ſçut les réprimer : la nature l'avoit rendu fier ; il ſe dompta. Bientôt il connut qu'on ne pouvoit être au-deſſus des autres hommes, que par les bienfaits & la vertu. A ſon penchant pour la colère, il ſubſtitua la patience & la douceur. Il dut ſans doute à la Philoſophie une partie de ces changemens ſi heureux & ſi rares : il les dut encore plus à la Religion qu'il honora toujours avec diſcernement, & qu'il ſe fit un devoir de protéger par ſes exemples.

C'eſt avec de pareils ſecours que le DAUPHIN apprit à regarder la juſtice comme une des qualités les plus néceſſaires à un Prince ; mais comme il eſt impoſſible d'être juſte ſans connoître la vérité, ſon plus grand ſoin fut de la chercher par-tout dans les Livres, dans les converſations, enfin auprès de ſes amis ; car il en avoit, & méritoit d'en avoir. *Offreʒ-moi*, leur diſoit-il, *la vérité ſans détour, ſi vous m'en* Eloge du Dauphin, par M. Thomas. *croyeʒ digne.* « Il trouva des hommes qui eurent le courage de lui dire des » vérités fortes, & il eut le courage encore plus grand de les en aimer davantage ». C'eſt ſon amour pour la juſtice qui l'empêcha d'accepter un ſupplément à la penſion que le Roi lui faiſoit : *Je donnerois le ſurplus, j'aime mieux qu'on le retranche ſur les Tailles.*

La voix des malheureux pénétroit toujours jufqu'à lui : fans fafte, fans oftentation, ennemi du luxe, il ne connoiffoit de befoins que les leurs. Une partie de fes deniers étoit employée à foulager leur mifère.

Cette fenfibilité ne fut jamais mife à une plus forte épreuve que le jour où chaffant dans la plaine de Villepreux, il eut le malheur de bleffer mortellement un de fes Écuyers. Il s'interdit pour jamais un amufement qu'il aimoit beaucoup, & prit le plus grand foin de la veuve & de fon fils.

Le jour de Fontenoi, fi heureux pour la France, & fi glorieux pour fon Roi, vit encore des preuves de la fenfibilité du DAUPHIN : en fouriant à la victoire, ce Prince ne put s'empêcher de mêler fes larmes au fang des victimes dont il étoit environné. Son courage ne fe fit pas moins remarquer, quand il voulut s'élancer à la tête de la Maifon du Roi : il courut alors le plus grand danger ; un boulet de canon couvrit de terre un homme entre lui & le Roi fon Père.

Dans le camp de Compiègne, en 1765, ce Prince ne parut que pour y gagner tous les cœurs. Officiers, Soldats, il charma tout le monde par fes manières & fon affabilité. Il préfenta & nomma chacun des Officiers de fon Régiment à la Dauphine ; il préfenta la Dauphine elle-même à fes Officiers : *Enfans*, leur difoit-il, *voilà ma femme.*

Le DAUPHIN fut marié deux fois : il époufa en 1745 MARIE-THÉRÈSE, fille de PHILIPPE V. Roi d'Efpagne : cette Princeffe mourut le 22 Juillet de l'année fuivante. Il forma une feconde alliance en 1747, avec MARIE-JOSEPHE, fille de FRÉDÉRIC-AUGUSTE, Roi de Pologne, Électeur de Saxe.

Les devoirs de fon rang ne firent point oublier au DAUPHIN qu'il en avoit d'autres à remplir. Le temps qu'il déroboit à l'étude étoit partagé entre une Epoufe & des Sœurs chéries. Il révéroit dans fon Père le meilleur des Rois, comme il trouvoit dans fon Roi le plus tendre des pères. Son augufte Mère n'eut pas moins de part à fon amour. Sans ceffe il s'occupoit de fes Enfans & du foin de leur éducation. Il defiroit fur-tout qu'on leur donnât des leçons d'humanité : *Conduifez les*, difoit-il, *dans la chaumière du Payfan ; qu'ils voient le pain dont fe nourrit le pauvre, & qu'ils apprennent à pleurer.* Le jour qu'on leur fuppléa les cérémonies du baptême, il fe fit apporter devant eux le regiftre où font infcrits les noms des enfans baptifés. Celui du fils d'un Artifan précédoit fur la lifte le nom des jeunes Princes : *Apprenez de-là*, leur dit-il, *que tous les hommes font égaux par le droit de la nature, & aux yeux de Dieu qui les a créés.*

Le DAUPHIN parut encore plus grand au moment de fa mort. On lui annonce qu'il ne peut pas vivre long-temps; il reçoit cette nouvelle fans la moindre émotion, & recommande au Roi les perfonnes qui lui ont été chères. Livré aux plus cruelles douleurs, fa férénité ordinaire ne l'abandonna pas un feul inftant; il fourioit aux uns, il plaifantoit encore avec les autres. Sa Mère, fon Epoufe & fes Sœurs fondoient en larmes auprès de lui; il cherchoit à les confoler. De la main dont il effuyoit leurs pleurs, il leur donna deux boucles de fes cheveux. Déja fa dernière heure approchoit: il jette un regard fur les Princes fes enfans; & fes derniers foupirs font des vœux pour la Patrie.

Tel fut ce Prince, qui ne fut bien connu que quand l'inftant de le regretter arriva. Il mourut à Fontainebleau, le 20 Décembre 1765, âgé de trente-fix ans. La Dauphine ne lui furvécut que d'une année; elle mourut le 13 Mars 1767, & fut inhumée à Sens auprès de fon époux.

Le DAUPHIN avoit eu de fon premier mariage une Princeffe qui fut nommée Marie-Thérèfe, & qui mourut en 1748. Il eut de la dernière Dauphine huit enfans. Le Duc de Bourgogne, mort en 1761, mérita d'emporter à l'âge de neuf ans les regrets de la France: deux autres furent enlevés dans l'âge le plus tendre. Cinq nous reftent, trois Princes & deux Princeffes; leur éloge eft dans le cœur des François. L'aîné de tous comble par fon alliance les vœux de la Nation.

PHILIPPE D'ORLÉANS REGENT DU ROYAUME.

PHILIPPE DUC D'ORLÉANS,

RÉGENT DU ROYAUME.

PHILIPPE II, Duc d'Orléans, petit-fils de France, naquit à S. Cloud le 2 Août 1674, de Monsieur, frère du Roi, & de Charlotte-Elisabeth de Bavière, fille de l'Electeur Palatin.

Les premières années, sur-tout dans les Princes, décident du reste de la vie. PHILIPPE annonça dès l'enfance un génie ardent, & avide de tout saisir. On lui donna pour Gouverneur le Marquis d'Arcis ; son Précepteur fut un de ces hommes dont il est permis de rechercher l'origine, pour montrer ce que peut la souplesse, même avec un esprit ordinaire. L'Abbé du Bois, fils d'un bourgeois de Brive, & depuis Cardinal premier Ministre, fut d'abord Lecteur de Monsieur. Ce Prince le mit auprès du Duc de Chartres : c'étoit le nom que PHILIPPE portoit alors.

PHILIPPE, à peine âgé de seize ans, fit la Campagne de Flandres sous le Maréchal de Luxembourg. Il se signala en 1692 à la journée de Steinkerque. Le corps de réserve qu'il commandoit ne vint point à l'action ; mais le Gouverneur du jeune Prince avoit obtenu pour lui la permission de s'y trouver. PHILIPPE fut blessé à l'épaule, & revint au combat après un léger pansement. L'action finie, il voulut faire placer sur les chariots les blessés des deux partis. *Après le combat,* dit-il, *il n'y a plus d'ennemis sur le champ de bataille :* Paroles mémorables, qui devoient être celles d'un petit-fils de Henri IV.

L'année suivante, il fit, près de Nerwinde, de nouveaux prodiges de valeur. Après avoir chargé trois fois à la tête d'un escadron, il se trouva dans un terrein creux, environné d'hommes & de chevaux tués ou blessés. Une troupe d'ennemis lui crioit de se rendre ; déja on l'avoit saisi : PHILIPPE se défendit seul, blessa l'Officier qui le tenoit, & parvint à se dégager.

La paix de Risvvick, faite en 1697, parut avoir changé ses inclinations. Il étudia presqu'à la fois toutes les sciences & tous les arts ; mais il s'appliqua sur-tout à la Chymie, dont les mystères irritoient sa curiosité. L'Abbé du Bois lui avoit donné pour guide le fameux Homberg, de l'Académie des Sciences. *Eloge de Homberg par Fontenelle.* « PHILIPPE le prit auprès de lui en 1702, lui donna une pension, & un laboratoire » le mieux fourni & le plus superbe que la Chymie eût jamais eu. Là se rendoit

» presque tous les jours le Prince philosophe ; il recevoit avidement les instructions
» de son Chymiste , souvent même les prévenoit avec rapidité ; il entroit dans
» tout le détail des opérations, les exécutoit lui - même , en imaginoit de
» nouvelles. *On ne le connoît pas ,* disoit Homberg ; *c'est un rude travailleur* » (1).

Il vivoit ainsi au milieu des sçavans & des artistes , lorsque Louis XIV
l'envoya, en 1706, commander dans le Piémont. Le Duc de Vendôme, qu'il
remplaçoit, avoit laissé un libre passage au Prince Eugène, Général des Impériaux.
Tout ce que Philippe put faire après cette faute, ce fut de joindre le Duc de la
Feuillade, qui campoit devant Turin. La tranchée étoit ouverte devant cette
ville ; Eugène suivoit de près pour en faire lever le siège : le Duc d'Orleans
proposa de marcher à lui, plutôt que de se laisser enfermer dans les lignes. Cet
avis sage devint celui de presque tous les Lieutenans Généraux : mais le Maréchal
de Marsin , qui seul devoit faire la loi en cas d'action, avoit ordre de ne point
présenter la bataille ; l'ennemi arriva. Le Duc d'Orleans, frappé de deux
coups de feu, fut forcé à la retraite : le Maréchal perdit la vie ; & un ordre
donné par Chamillard causa la déroute de soixante mille hommes, & fit perdre
à la France, en moins de quatre heures , le Modénois, le Milanès, le Piémont
& le Royaume de Naples.

De l'Italie le Duc d'Orleans fut envoyé en Espagne : quelque diligence
qu'il eût faite, il n'arriva que le lendemain de la bataille d'Almanza ; mais
il profita de cette action en grand Capitaine , & les suites de la victoire
furent aussi rapides que l'avoient été les revers. Requena, Valence, Saragosse
ouvrirent leurs portes au vainqueur ; & Philippe pénétrant bientôt dans la
Catalogne , prit en onze jours la ville de Lérida, l'écueil du grand Condé :
le fort de cette ville céda lui-même au bout d'un mois.

Tandis que le Duc assuroit ainsi le trône de Philippe V, on sema le bruit que
ce Monarque vouloit en descendre. Au défaut des enfans du Dauphin , la
couronne d'Espagne appartenoit au Duc d'Orleans ; & ses droits , négligés par
le testament de Charles II, avoient été maintenus par une protestation. Le Duc
d'Orleans conçut le dessein de les faire valoir , mais seulement après que le Roi
d'Espagne auroit abdiqué. Ce projet , qui ne fut même qu'une idée informe,
fut présenté à Louis XIV comme une conspiration contre son petit - fils : le

_____

(1) Il travailloit aussi dans cette partie avec Gaspard Gautier , Interprête du Roi & de l'Amirauté de France ; aïeul de
celui qui donne aujourd'hui la *Galerie Françoise.*

père de Philippe V, parla de faire le procès au Duc. Mais le Roi fut assez grand pour paroître ignorer un simple desir ; il ne crut pas que ce fût un crime d'avoir voulu disputer à l'Archiduc Charles, un sceptre que Philippe V ne devoit déposer qu'entre les mains du Duc de Berri son frère, ou du Duc d'Orleans. Au mois de Novembre 1712, ces deux Princes renoncèrent à leurs droits sur l'Espagne, & par le même acte, le Roi Catholique abandonna ses prétentions sur la Couronne de France.

La calomnie poursuivit encore le Duc d'Orleans. Une épidémie cruelle avoit emporté en peu de jours le Dauphin, sa femme & son fils aîné : dans l'excès de la douleur on forma des soupçons atroces sur la cause de ces morts précipitées. Philippe s'appliquoit à la chymie ; il faisoit des expériences ; ce fut aux yeux du peuple une preuve de poison. Homberg & le Duc d'Orleans demandèrent à être mis en prison pour se justifier : l'accusation tomba ; elle n'a été répétée depuis que par ces Ecrivains, qui ne sçavent intéresser qu'en supposant des forfaits.

Après la mort de Louis XIV, les Princes & les Pairs assemblés dans le Parlement avec les Grands Officiers de la Couronne, déférèrent au Duc d'Orleans la Régence du Royaume. Elle lui appartenoit par sa naissance ; mais Louis XIV l'avoit limitée par son testament ; il avoit mis le jeune Roi sous la tutelle d'un Conseil, dont le Duc d'Orleans étoit le chef. Les inconvéniens du partage de l'autorité suprême firent annuller cette disposition. Le Régent déclara néanmoins qu'il ne prendroit aucun parti dans les affaires d'Etat, qu'avec la délibération d'un Conseil de Régence formé à son choix, & qu'il céderoit à la pluralité des voix ; mais il se réserva la libre distribution de toutes les graces. Ce fut dans cette occasion qu'il prononça cette parole, qui a mérité d'être conservée sur les registres du Parlement : *Je ne veux être indépendant que pour faire le bien, & je consens à être lié tant qu'on voudra pour faire le mal.*

La régence du Duc d'Orleans ne fut point orageuse, comme on pouvoit le craindre ; les seize premiers mois sur-tout offrirent l'image du gouvernement le plus paisible. La solde, qui manquoit depuis long-temps, fut payée ; le droit de remontrances fut rendu au Parlement ; on proportionna le nombre des troupes aux besoins de la patrie, & le peuple vit avec joie la suppression de quelques impôts, & l'opulence des Traitans soumise à l'examen d'une Chambre de Justice. Les premières opérations de la Taille proportionnelle sont dûes encore au Regent, qui cherchoit les moyens d'établir une juste égalité. Il

protégeoit les cultivateurs : « Vous tiendrez la main , écrivoit-il à un Intendant ,
» à ce que les Collecteurs, procédant par voie d'exécution contre les taillables ,
» n'enlèvent point leurs chevaux & bœufs servant au labourage, ni les uftenciles
» & outils avec lefquels les artifans gagnent leur vie ».

Hénault,
Abrég. chron.
ann. 1714.

La France n'avoit plus d'ennemis à la mort de Louis XIV, mais elle n'avoit
pas d'alliés : le REGENT s'en fit un du Roi d'Angleterre , & la réunion de ces
deux Princes affura la tranquillité de l'Europe. Il fit en faveur du commerce
un traité avec les villes libres de Hambourg , de Lubeck & de Brême , &
termina enfuite par un échange les divifions au fujet des limites entre la France
& la Lorraine.

L'Eglife fe refufoit à la paix : un decret, devenu trop fameux, caufoit depuis
1714 des troubles qui ne font encore que calmés. A peine le REGENT fut-il
à la tête des affaires, que l'affemblée du Clergé le pria d'exécuter les intentions
du feu Roi ; c'étoit, à ce qu'on croit, de faire dépofer le Cardinal de Noailles
& quelques autres Prélats. Le Régent répondit avec une fineffe qui fut bien
remarquée , qu'*on le trouveroit toujours difpofé à défendre les intéréts de l'Eglife
Gallicane , & à conferver les Evéques dans la dignité de leurs places.* Le jour même
de la mort de Louis XIV, il avoit fait rappeller à la Cour le Cardinal de
Noailles. Lorfque ce Prélat y parut, il s'éleva un murmure qui pénétra jufqu'au
cabinet du PRINCE ; on lui en apprit la caufe : *C'eft moi qui le fait venir*, répondit-il ;
& s'avançant bientôt au - devant du Cardinal , il l'embraffa devant tout le
monde , & s'entretint avec lui pendant plus d'une heure. Depuis, il a toujours
cherché à garder dans cette affaire une parfaite neutralité ; il craignoit de
décider par la force , des conteftations que la raifon feule auroit dû terminer.

Dans une occafion importante il fçut réfifter à la Cour de Rome. Clément XI
refufa en 1716 de donner des Bulles à quelques Evêques de France, quoiqu'on
eût fatisfait aux conditions exigées par le Concordat. Ce refus dura jufqu'en
1718 ; le REGENT le fit ceffer en nommant pour cet objet des Commiffaires
du Confeil : ceux-ci demandèrent l'avis des plus habiles Canoniftes ; on alloit
rétablir l'ancien ufage, lorfqu'un courier de Rome annonça l'expédition des
Bulles.

L'agitation de l'Eglife avoit paffé jufques dans l'Etat. On découvrit la même
année une confpiration formée pour donner la Régence du Royaume au Roi
d'Efpagne. Le Prince de Cellamare , fon Ambaffadeur , avoit été chargé de
conduire

conduire l'intrigue : une Courtisanne* la démêla par hasard, & l'on vit les
plus grands noms parmi ceux des complices. Le DUC D'ORLEANS fut
tenté d'abdiquer un pouvoir qu'on ne lui pardonnoit pas d'avoir mérité ; mais
rappellant bientôt la fermeté de son ame, il fit enfermer le Duc du Maine,
exila le Cardinal de Polignac, & fit peu après exécuter à Nantes quatre
Gentilshommes, chefs des rebelles en Bretagne. On usa de clémence envers
tous les autres : Cellamare fut renvoyé en Espagne après qu'on eut mis le
scellé sur ses papiers : un seul Gentilhomme ordinaire de la Chambre l'accompagna jusques sur les frontières. La conspiration fut ainsi terminée sans qu'on
eût violé le droit des Gens.

C'étoit Albéroni qui avoit formé ce complot. Enfant de la fortune comme du
Bois, il avoit encore plus d'ambition que lui : le fils d'un Jardinier, autrefois
Curé de village près de Parme, vouloit être à la fois Ministre d'Espagne & de
France. Le Czar & Charles XII le secondoient : malgré ces appuis le REGENT
entreprit de le chasser du Ministère ; il y parvint en déclarant la guerre à
l'Espagne.

Comme ce Prince craignoit que les nouveaux convertis du Dauphiné, du
Poitou, du Languedoc, ne se laissassent entraîner à quelque soulèvement par les
émissaires d'Albéroni, il prévint ces troubles en s'adressant à Basnage, Ministre
des Réformés en Hollande. Quoique réfugié en pays étranger, Basnage aimoit
sa patrie : le RÉGENT ne crut pas qu'il fût indigne de la servir. Il le fit prier, en
1 7 1 9, par le Comte de Morville, alors Ambassadeur en Hollande, d'écrire à
ceux dont on vouloit séduire la fidélité, & de les affermir dans l'obéissance
qu'ils devoient au Roi. Basnage leur adressa une Instruction Pastorale, qui fut
réimprimée à Paris par ordre de la Cour : elle eut tout l'effet qu'on s'étoit
promis ; les Provinces suspectes demeurèrent fidèles, & le Cardinal Albéroni
fut bientôt chassé d'Espagne.

L'année 1 7 1 8 sembloit être faite pour servir d'époque à tous les événemens ;
elle vit naître ce système qui fit tant de maux, & qui pouvoit faire de si grands
biens. Il dut son origine aux dettes immenses où Louis XIV s'étoit engagé
pour affermir son petit-fils sur le trône d'Espagne. L'Etat devoit deux milliards
quand Louis mourut. Dès la première année de la Régence, PHILIPPE établit
un *Visa*, c'est-à-dire un examen de ces dettes relativement à leur origine, & aux
mains qui portoient les titres de créance. Comme on sçavoit que le Roi n'en

avoit pas entièrement touché le fonds, on fit une réduction dont peu de perfonnes eurent fujet de fe plaindre. Les anciens Papiers furent convertis en un autre, qu'on appella *Billets de l'Etat.* Le Roi fe trouva libéré de plus de trois cens millions.

La Chambre de Juftice établie pour le foulagement du peuple, étoit devenue elle-même une fource de maux, lorfqu'un Ecoffois, nommé J. Law, demanda le privilège d'une banque générale. Il étoit né calculateur, & s'étoit diftingué quelque temps par fon jeu chez la Duclos, célèbre Actrice. Revenu à Paris après la mort du Roi, avec dix-neuf cents mille livres d'argent comptant, il établit la banque en fon propre nom. Le fonds étoit de fix millions; il fe fit prefque tout en billets de l'Etat; ce qui commença à ranimer la circulation. On y joignit bientôt une Compagnie du Miffiffipi, & la banque de Law fut déclarée banque du Roi en 1718. La Compagnie d'Occident s'accrut encore par l'union du privilège de celle des Indes orientales, fondée par Colbert, & tombée depuis en décadence; enfin elle fe chargea des Fermes générales du Royaume.

Les actions qui, dans le principe, n'avoient coûté que 500 liv. furent, au mois de Septembre 1719, vendues jufqu'à 8000 liv. Chacun s'empreffa de négocier; les gens de lettres même s'en mêlèrent; &, comme l'a dit un de nos Poëtes, témoin de cette frénéfie, *le facré vallon fut la place du change.*

Volt. Eplt. à Boileau.

C'étoit dans la rue Quinquempoix qu'étoit le fiège du commerce des Papiers: on fut obligé d'y mettre des gardes.

L'ivreffe publique fit prefque tout-à-coup place à la défiance. A force de créer des actions, toute la fortune des citoyens étoit réduite en papiers: on voulut réalifer cette monnoie fictive. Le REGENT effaya de ranimer le crédit par des Arrêts; il fut défendu d'avoir chez foi plus de 500 liv. d'argent comptant. Law, nommé en 1720 Contrôleur Général, ne put s'oppofer au difcrédit du Papier; il fut obligé de s'enfuir à Venife, où il eft mort prefque dans l'indigence.

Les Billets de la Banque royale furent fupprimés au mois d'Octobre 1720, & l'on vit qu'il en avoit été fabriqué pour deux milliards fix cens quatre-vingt-feize millions quatre cens mille livres. On prétend qu'il y eut des billets contrefaits chez l'Étranger, & que ce qui décria le plus le papier, ce furent des numéros doubles qu'on trouva fur la place.

Au milieu des troubles & de l'agitation du fyftême, le REGENT s'étoit occupé de l'éducation de la jeuneffe. Il établit en 1719 l'inftruction gratuite à Paris:

jufqu'alors il n'y avoit eu que le Collège Mazarin & celui des Jéfuites où les étudians ne fuffent pas obligés de payer leurs maîtres. Le projet de l'inftitution gratuite, formé par le Cardinal de Richelieu, étoit digne d'être exécuté par PHILIPPE. Quand l'Univerfité alla le remercier à fon audience publique, il dit hautement : *Ce n'eft point une grace que j'ai accordée, c'eft une juftice que je rends.*

D'autres foins auffi utiles, mais plus preffans, l'occupèrent en 1720. Un vaiffeau venu du Levant avoit apporté dans Marfeille une maladie qui fut terrible, même avant d'être connue. Le mal déclaré jetta bientôt la Ville dans la plus affreufe difette. Nuls vivres, nul argent : perfonne n'ofoit y aborder pour les provifions. Le REGENT pourvut à tous ces befoins ; des Médecins habiles furent envoyés à Marfeille, & l'on établit autour de la Ville des lignes bien gardées, pour empêcher toute communication au-dehors ; précaution fage qu'on ne devoit qu'à PHILIPPE, & qui « préferva de la pefte, non-feulement le refte » de la Provence, mais peut-être même tout le Royaume ». Aftruc, Hift. de la Fac. de Montpellier.

La Régence du DUC d'ORLEANS finit en 1722, à la majorité du Roi. Il venoit de faire donner le titre de premier & principal Miniftre au Cardinal du Bois, déja nommé en 1720 Archevêque de Cambrai, & deux ans avant, Miniftre des affaires étrangères. Le jour où le Cardinal entra au Confeil de Régence, les Ducs & les Maréchaux de France ne s'y trouvèrent point. Peu auparavant deux membres du Confeil avoient été députés au REGENT, pour lui demander qu'il déclarât que la préféance des Cardinaux du Bois & de Rohan, ne tireroit point à conféquence ; ils ajoutoient que Louis XIII l'avoit fait lorfque le Cardinal de la Rochefoucault entra au Confeil. *Volontiers,* dit le REGENT, *je vous donnerai un pareil brevet, mais à condition que je le dechirerai le lendemain.* C'étoit ce qu'avoit fait Louis XIII, & ce que les députés n'avoient pas remarqué.

Le Cardinal mourut au mois d'Août 1723 ; le DUC d'ORLEANS lui fuccéda dans la place de premier Miniftre. Le peu de temps que fon miniftère dura, fut confacré à l'humanité. Chirac, fon Médecin, celui même qui l'avoit guéri au fiège de Turin, lui avoit donné un projet qui, en multipliant les obfervations fur chaque maladie, auroit établi une pratique plus uniforme dans l'art de guérir. Vingt-quatre Médecins des plus employés de la Faculté de Paris, devoient compofer une Académie, dont les correfpondans auroient été les Médecins des Hôpitaux du Royaume, & même des Pays étrangers : tout étoit difpofé pour l'exécution de ce projet, lorfque le REGENT mourut.

Depuis long-temps on s'appercevoit du dépériffement de fa fanté : ce n'étoit que pour lui qu'il négligeoit les avis de la Médecine. Le 2 Décembre 1723, après avoir travaillé, il rentra chez lui entre fix & fept heures du foir, & fut tout-à-coup frappé d'une apoplexie violente ; on eut à peine le temps de lui ouvrir la veine. Son père étoit mort de la même maladie.

Le REGENT n'avoit pas cinquante ans quand il mourut. Son corps, porté de Verfailles à S. Cloud, y refta expofé pendant douze jours ; il fut inhumé à S. Denis, & l'on porta fon cœur dans l'Abbaye du Val-de-Grace.

PHILIPPE n'étant encore que Duc de Chartres, avoit époufé, le 18 Février 1692, Mademoifelle de Blois, légitimée de France, fille de Louis XIV & de la Marquife de Montefpan. Le Roi lui donna alors la qualité de petit-fils de France, avec le titre d'Alteffe Royale, & des Gardes. C'étoit l'Abbé du Bois qui avoit fait réuffir ce mariage. On rapporte même que Louis XIV demandant à cet Abbé ce qu'il vouloit pour ce fervice, il ofa nommer la pourpre Romaine ; & que le Roi recula, en difant : *Je ne m'y attendois pas.*

De ce mariage font nés huit enfans, dont un feul Prince, qui fut nommé Louis d'Orléans. Il eft mort en 1752, dans l'Abbaye de Sainte Geneviève de Paris, où il a vécu dans la plus grande piété. C'eft ce Prince qui a fondé en Sorbonne une Chaire pour l'Hébreu. L'aînée des Princeffes filles du REGENT, eft morte en 1694, fans avoir été nommée. La feconde, Marie-Louife-Elifabeth d'Orléans, appellée Mademoifelle, époufa en 1710 le Duc de Berri, & mourut en 1719, à l'âge de vingt-quatre ans. Louife-Adélaïde d'Orléans, troifième fille du REGENT, fut Abbeffe de Chelles, & mourut en 1743, dans la maifon de Trefnel, où elle vivoit en fimple Religieufe. Des quatre autres filles de PHILIPPE, l'une fut mariée au Duc de Modène ; l'autre devint Reine d'Efpagne ; une autre fut accordée à l'Infant Dom Carlos ; & la dernière a époufé, en 1732, Louis-François de Bourbon, Prince de Conti.

Le REGENT eut auffi quelques enfans naturels. Le feul qui ait été légitimé eft Jean-Philippe, Chevalier d'Orléans, mort en 1748, Grand-Prieur de France. Il étoit né en 1702, de Marie-Magdeleine-Victoire le Bel-de-Serry, fille d'honneur de la Ducheffe d'Orléans Douairière, depuis décorée du titre de Comteffe d'Argenton. Le Chevalier d'Orléans avoit hérité des talens agréables de fon père, & de fon goût pour les fciences.

De tous les defcendans de Henri IV. le REGENT fut celui qui réunit le plus

la

la valeur, la gaieté & la franchife de ce grand Roi. Il avoit comme lui un efprit facile, capable de grandes vues; & ce qu'il eft important de remarquer, il favoit affez pour fentir le befoin de s'inftruire.

En 1722, fongeant à rétablir la Compagnie des Indes, qui renaiffoit des débris du Syftême, il voulut fe régler par les avis de du Guay-Trouin, l'un des plus grands hommes de Mer que la France ait eus. Il lui accorda une place dans le Confeil des Indes qu'il venoit de former; & quand du Guay-Trouin demanda à fe retirer, il n'y confentit que fous la condition que cet homme célèbre viendroit une fois par femaine lui dire librement ce qu'il penfoit fur le commerce.

Si l'on peut reprocher au REGENT l'élévation du Cardinal du Bois, il eut auffi la gloire de connoître & de placer les deux hommes qui ont peut-être fait le plus d'honneur à notre fiècle, d'Agueffeau & le Comte de Saxe. Après la mort du Chancelier Voifin, arrivée en 1717, PHILIPPE, adreffant la parole à quelques Seigneurs, exigea qu'on lui dît qui feroit Chancelier. «Celui que Votre Alteffe » Royale voudra, dit l'un d'entre eux; mais tout Paris nomme M. d'Agueffeau. » Sur le champ le vœu de la Nation fut exaucé: on peut dire qu'il avoit été prévenu. Dès le commencement de la Régence, le DUC D'ORLEANS avoit confulté ce Magiftrat fur les affaires du Gouvernement.

Ce fut en 1720 que le Comte de Saxe vint à Paris pour la première fois. PHILIPPE le jugea en homme d'Etat, & lui propofa dès ce moment de fe fixer en France. Maurice ayant répondu qu'il ne pouvoit le faire fans la permiffion du Roi fon père: *Demandez-la*, dit PHILIPPE; *mais montrez-lui un Brevet de Maréchal de Camp, que je fais expédier en votre nom.*

Le RÉGENT né avec un tempérament de feu, avoit pour les femmes une paffion plus forte que l'amour. Sur ce point comme fur mille autres, on l'a blâmé avec amertume. Il falloit le plaindre, & remarquer en même temps que jamais fes Maîtreffes ne le gouvernèrent. L'une d'elles voulut profiter d'un de ces momens où le Prince ne fembloit plus qu'un amant foumis: elle ofa le fonder fur une affaire importante; le Prince à l'inftant la prend par la main, & la conduit devant une glace: *Vois-tu*, lui dit-il, *cette tête charmante ? elle eft faite pour les careffes de l'amour, & non pour les fecrets de l'Etat.*

Une autre maîtreffe lui avoit été enlevée par un Gentilhomme. Le Prince étoit piqué, & fes Favoris l'excitoient à la vengeance. Puniffez, lui difoit-on, un infolent ; la vengeance vous eft fi facile. *Je le fais*, répondit-il ; *un mot me fuffit pour me défaire d'un rival, & c'eft ce qui m'empêche de le prononcer.*

On a confervé de lui quelques autres traits qui achèvent de peindre fon ame. Le Chevalier de Menilles qui avoit été impliqué dans la confpiration de Cellamare, fut mis en prifon ; mais tout fon crime étoit de n'avoir point trahi ceux qui lui avoient donné leur confiance. Un Marquis de Menilles, d'une autre famille, alla trouver le DUC D'ORLÉANS, pour l'affûrer qu'il n'étoit ni parent ni ami du Chevalier. *Tant pis pour vous*, répondit le RÉGENT, *le Chevalier de Menilles eft un fort galant homme.*

Dans la même confpiration étoit engagé le Comte de Laval : il fut enfermé à la Baftille ; mais il imagina un expédient pour n'être pas étranger à tout ce qui fe paffoit hors de fa prifon. Il feignit d'avoir deux fois par jour befoin d'un Apothicaire : c'étoit fon confident. On le fçut, & on parla au RÉGENT pour lui enlever cette reffource. Le Prince répondit : *Puifqu'il ne lui refte que ce plaifir, il faut au moins le lui laiffer.*

Il aimoit à pardonner ; mais il étoit trop jufte pour ne pas punir le crime. Le titre de fon parent ne put dérober le Comte de Horn au fupplice. Ce Seigneur Flamand avoit déshonoré fa naiffance par un affaffinat. On crut qu'il auroit fa grace ; on fit valoir près du RÉGENT le feul titre qui pouvoit la lui mériter. *Qu'importe*, dit PHILIPPE, *quand on a du mauvais fang, on le fait tirer.* Réponfe qui put paroître dure, mais qui n'étoit que jufte.

PHILIPPE étoit d'un caractère vif & enjoué. En fortant du Confeil où il avoit donné quelques bénéfices, il lui échappa ce bon mot, qu'on fait par cœur : *Les Janféniftes ne fe plaindront plus de moi, j'ai tout donné à la grace, rien au mérite.* Voici un autre trait moins répandu, mais qui prouve qu'il connoiffoit bien le cœur humain. Un homme & une femme de fa Cour s'aimoient éperdûment. Il forma le projet de les guérir de leur amour en deux fois vingt-quatre heures. Il les fit enfermer enfemble ; au bout de vingt-quatre heures les deux amans demandèrent avec inftance qu'on les féparât. Cette épreuve, imaginée par le RÉGENT, a fait le fujet de la jolie fable des *deux Moineaux*, par la Motte.

La réponfe que le RÉGENT fit à Dufrefny eft encore une de ces faillies qu'on n'oubliera point. Ce Poëte que Louis XIV. ne fe croyoit pas en état d'enrichir, fe trouvoit fans reffources dans le temps où le Syftême avoit le plus d'éclat.

Il imagina de préfenter ce placet au RÉGENT, dont il connoiſſoit l'eſprit : » Monſeigneur, il importe à la gloire de Votre Alteſſe Royale, qu'il reſte un » homme aſſez pauvre pour retracer à la Nation l'idée de la miſère dont vous » l'avez tirée ; je vous ſupplie de ne point changer mon état, afin que je puiſſe » exercer cet emploi ». Le Prince mit *néant* au bas du placet, & Law eut ordre de compter deux cents mille francs à Dufreſny. Richelieu avoit répondu de même par un ſeul mot à un placet ingénieux de Maynard ; mais ce mot n'étoit qu'un refus.

PHILIPPE étoit le protecteur des Lettres ſans être le tyran de ceux qui les cultivent. Il avoit donné à Fontenelle un logement au Palais Royal. En 1712, Rémond qui étoit Introducteur des Ambaſſadeurs auprès du Prince, ayant deſiré une place à l'Académie Françoiſe, le DUC eut la bonté de parler pour lui à Fontenelle. Celui-ci repréſenta qu'il ne connoiſſoit du protégé aucun ouvrage qui pût juſtifier le choix de l'Académie : *Ni moi non plus*, dit le Prince, *encore s'il avoit fait ſa chanſon ;* c'étoient des couplets ingénieux, mais fort malins qu'on venoit de faire contre Rémond. Le DUC D'ORLÉANS n'inſiſta plus, & n'ordonna rien ; mais Rémond ayant des amis au Palais Royal, l'un d'eux dit au Duc qu'il étoit étrange qu'un homme logé par le Prince, ne ſe prêtât pas à ſon deſir. *Bon,* dit PHILIPPE en riant, *un homme que je loge dans un galetas !* Fontenelle eut la liberté de donner ſa voix.

Une des plus belles qualités du RÉGENT, ce fut cette élévation d'ame qui met l'homme d'Etat au-deſſus de la haine. Chacun connoît

> Ces vers impurs appellés *Philippiques*,
> De l'impoſture éternelles chroniques.

Volt. Epit. ſur la calom- nie.

Sous un gouvernement ſévère, l'auteur * de ce chef-d'œuvre d'horreur & d'énergie, auroit été puni de mort. PHILIPPE ſe contenta de le faire enfermer aux Iſles Sainte-Marguerite ; encore lui laiſſa-t-il dans cette priſon une liberté qui facilita ſon évaſion.

* La Grange-Chancel.

Cet outrage, fait au plus aimable des Princes, venoit d'un homme de lettres ; mais c'étoit l'ouvrage d'un reſſentiment particulier. La Grange a depuis avoué qu'il n'avoit fait ces Odes affreuſes, que parceque le RÉGENT ne s'étoit pas déclaré pour lui contre le Duc de la Force. Dans l'empire des Lettres, toutes les autres voix ſe ſont réunies pour célébrer la bonté de ce Prince, comme elles avoient loué fes talens. C'étoit lui que Boileau défignoit en 1694, dans fa dixième Satyre, lorfqu'il difoit à Perrault, avec un ironie amère, qu'on voyoit le fiècle infecté du goût que montroient pour l'antiquité,

> Magiftrats, Princes, Ducs, & même Fils de France,
> Qui lifent fans rougir & Virgile & Térence.

Le Régent deffinoit très-bien : On connoît l'édition qu'il a donnée d'un roman grec, traduit par Amyot. C'eft ce Prince qui a formé la collection de Tableaux du Palais Royal, qui paffe pour la plus complete, fur-tout pour l'école Flamande. Lui-même manioit le pinceau avec grace ; il compofoit de la mufique avec une égale facilité : & l'Académicien célèbre * qui lui avoit montré les mathé-matiques, le confulta utilement fur toutes les parties d'un fyftême acouftique, dont il étoit l'inventeur. Mais ce qui eft à remarquer dans un artifte de fon rang, Philippe n'exigeoit point d'éloges ; il croyoit peu à ceux qu'on lui donnoit. Un jour il avoit fait repréfenter chez lui, devant une fociété choifie, un Opéra * dont il avoit fait la mufique, & dont les paroles étoient du Marquis de la Fare. Campra, en fortant, dit au Prince : *La mufique eft bonne, mais les vers ne font pas du même prix.* Le Régent appella auffi-tôt le Marquis de la Fare : *Parles,* lui dit-il, *à Campra en particulier, il trouvera les vers bons & la mufique mauvaife. Sçais-tu à quoi il faut s'en tenir ? c'eft que le tout ne vaut rien.*

* Sauveur.

* La mort d'Orphée.

Une feule chofe a manqué au Régent ; c'étoit de fçavoir s'arrêter : trop d'ardeur pour ces talens agréables l'a empêché d'être parfait dans le genre qui devoit être le fien : la nouveauté eut auffi trop de charmes pour lui. Mais ces défauts doivent-ils affoiblir notre reconnoiffance ? Louons un grand Prince des biens qu'il a faits ; ne lui imputons pas des maux qu'il vouloit ne pas faire : & s'il eft vrai que la Nation Françoife refpire dans fon Roi, quel fervice plus grand Philippe pouvoit-il nous rendre, que d'affermir le trône d'un Monarque qui fait notre bonheur ?

LOUIS XIIII

I.I. Gaut.Dag.Sculps

LOUIS XIV,
DIT LE GRAND.

Louis XIV naquit à Saint-Germain-en-Laye le 5 Septembre 1638; il monta sur le Trône le 14 Mai 1643, dans la cinquième année de son âge. Ce fut dans les troubles d'une minorité orageuse que commença ce règne qui devoit porter au plus haut degré la gloire de la Nation Françoise. Louis XIII qui pendant sa vie n'avoit jamais eu la force de vouloir, se flatta vainement en mourant que ses dernières volontés seroient plus respectées. Anne d'Autriche, dont les vues ambitieuses ne pouvoient s'accorder avec les longueurs d'une procédure réglée, força le Parlement à casser le testament de son mari, & à lui conférer la régence illimitée. Le même arrêt donna à Gaston Duc d'Orléans, frère du Roi, le titre de Lieutenant-Général du Royaume.

Le premier soin de la Régente fut de choisir un Ministre qui méritât sa confiance; elle jetta les yeux sur le Cardinal Mazarin, quoiqu'étranger. Richelieu l'avoit connu dans les guerres d'Italie, où Mazarin négocia pour le Duc de Savoie; il l'avoit ensuite fixé en France, & l'avoit toujours employé comme un homme dont la souplesse & l'art de manier habilement les affaires, pouvoient seconder ses desseins politiques. Ce fut un titre de plus auprès de la Reine; elle lui confia le gouvernement de l'Etat & la Surintendance de l'éducation du Roi.

La France & l'Espagne étoient pour lors en guerre; elle se faisoit plus vivement que jamais. La Flandre en étoit le théâtre. Les troupes Espagnoles, au nombre de vingt-six mille hommes, après avoir ravagé les frontières, s'étoient avancées jusques sous Rocroi. La mort de Louis XIII, un enfant sur le Trône, le gouvernement de l'Etat entre les mains d'un Ministre étranger & nouveau, des Princes du Sang inquiets & remuans; tout concouroit à flatter l'espérance des ennemis. La France n'avoit à leur opposer qu'une armée peu nombreuse, & un Général de vingt-un ans; mais ce jeune homme étoit le Duc d'Enguien, si connu sous le nom du grand Condé, qui depuis,... La France alors lui dut sa conservation.

Condé livra bataille aux Espagnols, malgré les ordres de la Cour, le 19 Mai 1643. La victoire fut complette. Rocroi fut le tombeau de ces vieilles bandes Espagnoles, jusqu'alors regardées comme invincibles. Le Comte de Fuentes leur Général, percé de coups, périt à leur tête. Condé, en apprenant sa mort, dit, *qu'il voudroit être mort comme lui, s'il n'avoit pas vaincu.*

Cette journée fut l'époque de la gloire du Prince. Mercy, Général Espagnol, venoit de s'emparer de Fribourg : Condé y vole, & secondé du Vicomte de Turenne, livre & gagne la fameuse bataille de Fribourg. Le succès de la victoire fut de se rendre maître de tout le cours du Rhin.

Au-delà des Pyrénées le sort des armes Françoises étoit bien différent. La défaite du Maréchal de la Mothe, la perte de la bataille de Mariendal, tout demandoit la présence de Condé. Il quitte aussi-tôt l'armée de Champagne, & joint à la gloire de commander encore Turenne, celle de réparer sa défaite : il gagne la bataille de Nortlingue, où Mercy fut tué. Les conquêtes des François n'étoient pas moins rapides en Flandre ; les ennemis ne s'apperçurent pas de l'absence du vainqueur de Rocroi.

Sur ces entrefaites la Hollande, malgré les promesses authentiques de ne point traiter sans les François, fit la paix avec le Roi d'Espagne Philippe IV, qui abandonna tous ses droits sur les Provinces-Unies, & reconnut leur souveraineté. On négocioit depuis long-temps pour la paix générale, en continuant la guerre avec beaucoup de chaleur. Le Prince de Condé fut choisi pour combattre en Flandre les Espagnols qui commençoient à se faire craindre : il gagna sur eux la célèbre bataille de Lens. Turenne qui commandoit sous Condé, quoique ce Prince fût moins âgé que lui, contribua beaucoup au succès de la bataille. Le grand homme, quelque rang qu'il occupe, ne se croit jamais déplacé, lorsqu'il peut être utile à la Patrie.

La paix de Munster, signée le 30 Janvier 1648, sembloit devoir rétablir le calme desiré depuis si long-temps, si la France respectée au-dehors par la splendeur de ses armes, n'eût trouvé dans son sein des ennemis plus dangereux que ceux dont elle venoit de triompher. Mazarin étoit devenu l'objet de la haine & du mépris : les François ne pouvoient pardonner à un étranger de s'être emparé du gouvernement & de l'esprit de la Reine. Ils attendoient en filence l'occafion de faire éclater leur haine pour le Cardinal : elle ne tarda pas à fe préfenter. Ce Miniftre fut forcé, pour fubvenir aux befoins de l'Etat, de lever quelques impôts, légers dans tout autre temps, mais onéreux pour un peuple qui venoit de fupporter les charges d'une longue guerre, fans en reffentir les avantages. Des édits burfaux envoyés au Parlement, excitèrent un murmure général. Le Préfident Blancmenil, & Brouffel Confeiller au Parlement, furent arrêtés par Lettre de cachet, pour s'être oppofés avec trop de chaleur aux ordres de la Cour, dont ils croyoient avoir droit de fe plaindre. Cet événement fouleva le peuple, qui n'apperçut en eux que les défenfeurs de fes privilèges. La Capitale fut en proie aux horreurs d'une guerre civile. On vit le Parlement lever des troupes contre fon jeune Souverain ; & le Cardinal de Retz, Prélat deftiné par fon miniftère à faire parler un Dieu de paix, fomenter la difcorde, & armer les citoyens les uns contre les autres. Ce qu'il y a de remarquable, c'eft qu'au fein de ces défordres, le François ne perdoit pas fon caractère enjoué ; on plaifantoit les armes à la main. Le moindre événement étoit pour le peuple une fource de railleries & de bons mots. Chaque parti comptoit parmi les fiens des Seigneurs de la première diftinction, & des Généraux expérimentés. A la tête des Frondeurs étoient le Duc de Beaufort, fauvé du château de Vincennes où il étoit prifonnier, le Coadjuteur, la Ducheffe de Longueville, le Prince de Conti ; mais Condé étoit pour la Cour. Le Duc d'Orléans n'étoit d'aucun parti ; fon efprit foible & irréfolu fuivoit indifféremment les diverfes impulfions des perfonnes qui l'environnoient. La France n'étoit pas le feul pays où regnât cet efprit de vertige : « On eût dit que la contagion de la révolte avoit gagné » toute l'Europe. L'Angleterre faifoit le procès à fon Roi, la fidélité du » Parlement de Paris fe trouvoit ébranlée, tandis que les Janiffaires étrangloient » le Sultan Ibrahim ».

Hénault.
Abr. Chronol.

Condé, qui jufqu'alors avoit été le défenfeur de fes Maîtres, en devint l'oppreffeur. Mécontent du Miniftère, ne croyant pas fes fervices affez payés, il bravoit ouvertement la Reine & le Cardinal. Il avoit entraîné dans fon parti le Prince de Conti fon frère & le Duc de Longueville fon beau-frère. Ces trois Princes font arrêtés & mis en prifon ; mais bientôt après, ce même peuple qui avoit fait des feux de joie lors de leur détention, forma des partis pour les arracher des fers. Mazarin, pour plaire à la multitude, voulut se faire honneur de la délivrance des Princes : il alla lui-même les remettre en liberté ; mais n'en ayant reçu que des mépris, il crut qu'il étoit de sa prudence de céder pour un temps à l'orage. Il quitta le Royaume, se retira à Cologne, sans rien perdre de son crédit sur l'esprit de la Reine. Turenne se rangea du côté des Princes, & la guerre civile se ralluma avec plus de fureur que jamais.

Au premier signal de la guerre, Mazarin rentra en France avec sept mille hommes de troupes. Sa tête n'en fut pas moins mise à prix. Le Prince de Condé s'étoit ligué avec les Espagnols, que Turenne avoit tout-à-coup abandonnés pour la Cour. Ces deux habiles Généraux mesurèrent leurs forces d'abord à Gien, où Turenne sauva le Roi & la Famille Royale, ensuite sous les murs de Paris, au combat de S. Antoine, célèbre par la valeur des combattans, par l'habileté des Généraux, & par la démarche hardie de Mademoiselle fille de Gaston, qui pour sauver Condé qu'elle aimoit, fit tirer le canon de la Bastille sur les troupes du Roi.

Louis XIV venoit d'entrer dans sa quatorzième année : il tint son lit de Justice, & fut déclaré majeur : néanmoins le Parlement nomma Lieutenant-Général du Royaume ce même Gaston, qu'on a vu jusqu'ici trop foible pour être chef de parti, trop indécis pour en embrasser aucun.

Le calme n'étoit pas encore absolument rétabli ; le Roi se vit obligé de sacrifier de nouveau son Ministre au bien de la paix. Le départ de Mazarin fit cesser les troubles. Paris rentra dans l'obéissance, & Condé fut obligé de mendier un asyle chez des peuples dont il avoit été le fléau. Les esprits étant appaisés, le Cardinal revint à Paris cinq mois après sa première sortie. Son entrée dans cette capitale fut moins celle d'un exilé que d'un conquérant : il fut reçu au milieu des acclamations du peuple ; les Cours souveraines s'empressèrent de le féliciter, & le Parlement complimenta, par députés, ce même homme, que cinq mois auparavant il avoit flétri par un arrêt aussi peu mérité que le triomphe actuel. L'ambition du Cardinal n'étoit pas encore satisfaite : il crut pouvoir faire épouser à Louis XIV une de ses Niéces, qu'il venoit de refuser au Roi d'Angleterre ; mais la réponse qu'il reçut de la Reine, lorsqu'il pressentit ses intentions, lui fit perdre toute espérance. *Si le Roi*, lui dit-elle, *étoit capable de cette indignité, je me mettrois avec mon second Fils à la tête de toute la Nation, contre le Roi & contre vous.* Les Efpagnols voulurent profiter des troubles de la France : ils fe mirent en campagne, ayant Condé à leur tête, & ravagèrent la Flandre. Turenne toujours fûr de vaincre, lorf-qu'il combattoit pour fon Roi, arrêta leur impétuofité : il fit lever le fiège d'Arras au grand Condé, qui, avec le malheur de porter les armes contre fa patrie, avoit à effuyer de la fierté Efpagnole mille défagremens. La préfence du Roi & du Miniftre encouragèrent les troupes Françoifes ; elles gagnèrent la fameufe bataille des Dunes : la prife de Dunkerque fut la fuite de la victoire ; le Roi y fit fon entrée le 26 Juin, & la remit enfuite entre les mains des Anglois, fuivant le traité fait avec Cromwel.

La France, après tant de victoires, commençoit à renaître, lorfqu'un événement auffi terrible qu'imprévu la replongea dans la confternation. Le Roi tomba malade à Calais ; le danger étoit preffant : l'État en allarme alloit voir périr avec fon Roi toutes fes efpérances ; mais un Médecin d'Amiens, nommé Duffaufoi, qui fut appellé, guérit le Roi avec du vin émétifé, dont l'ufage étoit alors peu connu.

Enfin, la France & l'Efpagne, également épuifées, defirèrent finir une guerre funefte aux deux nations. Le Cardinal Mazarin & Dom Louis de Haro, Miniftre d'Efpagne, ouvrirent leurs conférences dans l'Ifle des Faifans, fur les confins des deux Royaumes ; ces habiles négociateurs déployèrent tous les refforts de la politique, aidée d'un côté de la foupleffe Italienne, éclairée de l'autre par la défiance Efpagnole. Après une négociation, qui dura plufieurs mois, ils fignèrent, le 7 Novembre 1659, ce fameux traité des Pyrénées, qui procura le calme à l'Europe & donna à la France une Reine illuftre, en la perfonne de Marie-Thérèfe d'Autriche. Le rétabliffement de Condé, fut une des principales conditions de la paix. La mort du Cardinal de Mazarin fuivit de près le mariage du Roi. La Cour porta fon deuil par une fuite de l'inconféquence qui avoit déterminé toutes fes démarches pendant la guerre civile.

On étoit loin de s'imaginer qu'un Monarque, dont on avoit, pour ainfi dire, éternifé l'enfance, élevé dans la moleffe & les plaifirs, voulut porter un Sceptre que Louis XIII avoit toujours laiſſé entre les mains d'un premier Miniſtre. *A qui nous adreſſerons-nous,* demandèrent au Roi ceux qui étoient chargés des affaires? *A Moi,* dit Louis XIV. C'eſt le propre des génies ſupérieurs, de ſe développer & de s'aggrandir dans les occaſions. Le Roi prouva par une conduite ferme, noble & ſuivie, que c'étoit moins l'indolence ou les plaiſirs qui l'avoient éloigné du travail, que la politique du Prélat ambitieux, & le reſpect pour un homme auquel il croyoit avoir de grandes obligations, dont le joug cependant commençoit à lui peſer. *Je ne ſçais,* dit-il, après la mort du Cardinal, *ce que j'aurois fait, s'il eût vécu plus long-temps.* Au premier Conſeil qui ſe tint, le Roi défendit de rien faire ſans ſes ordres. *La ſcène du theâtre change,* ajouta-t-il; *j'aurai d'autres principes dans le gouvernement de mon Etat, dans la régie de mes Finances, & dans les négociations au-dehors, que n'avoit Monſieur le Cardinal: vous ſavez mes volontés, c'eſt à vous maintenant de les exécuter.* Dès ce moment le Conſeil prit une forme plus reſpectable ; la diſgrace de Fouquet, dont le luxe faiſoit honte à la magnificence Royale, mit les Finances entre les mains de Colbert, à qui la France doit ſon commerce. « La diſcipline fut rétablie dans

» les troupes; des fêtes ſuperbes & brillantes annonçoient le goût du Souverain: » les plaiſirs mêmes avoient de l'éclat & de la grandeur».

Louis XIV, l'idole de ſon peuple, n'étoit pas moins jaloux du reſpect des Etrangers, que de l'amour de ſes ſujets. Un Ambaſſadeur envoyé par l'Eſpagne, déclara publiquement au Roi, à Fontainebleau, que les Miniſtres Eſpagnols ne concourroient plus dorénavant avec ceux de France. Le Cardinal Chigi, neveu du Pape Alexandre, vint demander pardon au Roi de l'inſulte faite aux gens de ſon Ambaſſadeur, & Rome vit élever dans ſes murs une Pyramide, monument de l'injure & de la vengeance. Les Finances que Colbert avoit rétablies, mettoient Louis XIV en état d'exécuter les plus grands deſſeins. Ce nouveau Mécène faiſoit revivre le ſiècle d'Auguſte. Des bienfaits prodigués aux Sçavans même des Pays les plus éloignés, annonçoient aux Etrangers la libéralité du Maître & le diſcernement du Miniſtre ; tandis que l'établiſſement d'une Académie, qui devoit compter un jour au nombre de ſes Membres un Souverain du Nord, fixoit à Paris le ſéjour des Sciences & des beaux Arts. L'Académie de Peinture & de Sculpture établie à Paris, de jeunes Artiſtes entretenus à Rome aux dépens de Sa Majeſté, pour y prendre le goût des grands Maîtres, alloient rendre la France l'émule de l'Italie. La fondation de la Compagnie des Indes, & de quantité de Manufactures de toute eſpèce, ouvroient aux François une ſource abondante de richeſſes, dont Louis XIV aſſuroit la jouiſſance, par la création d'une nouvelle Marine. L'Amérique voyoit de nouvelles Colonies ſe former & s'élever à l'ombre du Pavillon François. La politique du Roi veilloit en même temps ſur les affaires de l'Europe, & n'attendoit que l'occaſion de ſe ſignaler par des entrepriſes éclatantes : la mort de Philippe IV la lui préſenta bientôt. Le Conſeil de Louis XIV prétendit que la Couronne de France avoit des droits ſur la Flandre & ſur la Franche-Comté ; que ces deux Provinces devoient revenir à Marie-Thérèſe d'Autriche, malgré la renonciation qui en fut faite, lors du mariage. Le deſir de faire des conquêtes fit plus d'impreſſion ſur l'eſprit du Roi que toutes les raiſons des Juriſconſultes. Il ſe mit en campagne au printemps 1667, ayant ſous ſes ordres le Maréchal de Turenne, & marcha vers la Flandre, pour obtenir par la voie des armes ce que l'Eſpagne ne vouloit pas lui accorder autrement. La Flandre fut ſoumiſe avant la fin de l'été. La Franche-Comté ne coûta pas au Prince de Condé plus de trois ſemaines à conquérir ; au cœur même de l'hyver, l'argent du Roi pénétroit où les armes ne pouvoient rien.

Des ſuccès auſſi marqués excitèrent l'attention de l'Europe. Les Souverains voiſins ne virent pas d'un œil tranquille un jeune Monarque victorieux, à qui l'amour de la gloire faiſoit oublier la rigueur des ſaiſons : la Suède, l'Eſpagne, l'Angleterre alloient former une triple alliance : le Roi les prévint ; il offrit la paix à l'Eſpagne : le traité fut ſigné à Aix-la-Chapelle, le 2 Mai 1668. Les conquêtes que Louis XIV avoit faites dans les Pays-Bas lui reſtèrent ; la Franche-Comté fut rendue contre l'avis du Maréchal de Turenne.

Le Roi, de retour dans ſa capitale, travailloit ſans relâche à rendre ſon Royaume plus floriſſant. Paris devint un ſéjour délicieux & magnifique ; une police exacte, & auparavant inconnue, pourvut à la ſûreté des habitans. La raiſon & le bon goût avoient chaſſé de l'Univerſité l'ignorance & la barbarie des premiers ſiècles. Ariſtote avoit perdu le privilège excluſif d'être enſeigné dans les écoles de Philoſophie. L'Obſervatoire, monument elevé à la gloire de l'Aftronomie, favorifoit les progrès de cette fçience. L'Hôpital - Général ouvroit un afyle à l'indigence & à la pauvreté. L'Hôtel-Royal des Invalides, affuroit à l'Etat des défenfeurs zélés, en procurant à la vieilleffe militaire une retraite honorable. Tout prenoit une nouvelle forme ; Verfailles n'étoit plus indigne de la Majefté Royale : l'art y avoit embelli des lieux trop négligés par la nature.

Au milieu des fêtes & des plaifirs d'une Cour brillante, le Roi ne perdoit point de vue la conquête des Pays-Bas, & le projet d'abaiffer la fierté Hollandoife. Quelques propos injurieux qu'on difoit avoir été tenus par l'Envoyé de la République ; des médailles où la gloire de Louis XIV paroiffoit avoir été méconnue, fervirent de prétexte à la guerre, dont la véritable caufe étoit la nouvelle élévation de la Hollande, & les richeffes immenfes de cet Etat. Le Roi, qui ménageoit depuis long-temps cette entreprife, avoit commencé par détacher de l'alliance de la République, le Roi d'Angleterre, Charles II, Prince voluptueux & prodigue, plus avide d'argent que de gloire. La Suède avoit auffi renoncé à la triple alliance. Tout étant ainfi difpofé, le Roi, fuivi de fon frère, de Condé, de Turenne, de Luxembourg, de Vauban & de Louvois, partit avec plus de deux cens mille foldats, pour conquérir un Pays qui n'avoit pas vingt mille hommes à lui oppofer, mais qui combattoit pour fa liberté. Le Prince d'Orange avoit été proclamé Généraliffime, malgré l'oppofition du grand penfionnaire Jean de With. Les François ouvrirent la Campagne par le fameux paffage du Rhin, entreprife hardie, peut-être trop célébrée, qu'un peu plus de réfiftance de la part des ennemis, auroit pu rendre funefte aux François : ils ne perdirent que quelques foldats. L'imprudence du Duc de Longueville lui coûta la vie. Le Grand Condé reçut une bleffure au poignet.

La rapidité des fuccès de cette Campagne tint du prodige. Dans l'efpace de quelques mois tout le pays fut au pouvoir des François : Amfterdam attendoit le vainqueur pour lui ouvrir fes portes. La confternation étoit générale ; les habitans effrayés fongeoient à s'embarquer pour Batavia, & à aller dans le nouveau monde chercher des climats plus heureux. Le Prince d'Orange feul confervoit fa fermeté au milieu des périls, & nourriffoit encore quelques efpérances,

Mais

Mais le parti de With prévalut : on demanda la paix : la Cour de France proposa des conditions onéreuses, que la fierté des Miniftres & la dureté de Louvois rendirent intolérables. Elles furent rejettées par les Hollandois ; ces généreux Républicains trouvèrent dans un courage réduit au défefpoir, des fecours puiffans. Ils innondèrent leur pays pour le fauver ; tandis que l'Amiral Ruyter, avec cent vaiffeaux, tenoit tête à la flotte des Rois de France & d'Angleterre, & mettoit en fûreté les côtes de la Hollande, par la bataille de Solbaie, qui dura un jour entier.

Le fyftème politique de l'Europe, qui tend toujours à tenir la balance égale entre les Souverains, ne devoit pas fouffrir que Louis XIV devînt auffi puiffant. L'Empereur Léopold, Charles II, la plûpart des Princes de l'Empire, une grande partie de l'Europe, s'unirent contre lui. Ce fut pour Louis un nouveau fujet de triomphe ; il fçut fe défendre & faire encore des conquêtes. La Franche-Comté, foumife une feconde fois, fut enlevée fans retour à la domination Efpagnole. Turenne dans l'Allemagne, Condé dans les Pays-Bas, foutenoient la gloire des armes Françoifes. La fanglante bataille de Senef, fut la dernière que gagna le Prince de Condé ; il quitta le commandement des troupes peu de temps après, pour jouir d'un repos qu'il avoit fi bien mérité. La France venoit de perdre, en la perfonne de Turenne, l'émule & le rival du Grand Condé. Le Roi fit deux campagnes en Flandre auffi glorieufes que les premières : celle de 1677, furprit par la rapidité des conquêtes ; Louis étoit de retour à Verfailles dès le mois de Mai : *Je fuis fâché*, dit-il à Racine & à Defpreaux, *que vous ne foyez pas venus à cette dernière Campagne ; vous auriez vu la guerre, & le voyage n'eût pas été long. Votre Majefté*, répondit Racine, *ne nous a pas donné le temps de faire faire nos habits.*

Louis étoit alors au plus haut dégré de fa gloire ; arbitre des Souverains, il leur prefcrivit des loix par le traité de Nimégue, dont il règla les conditions. On lui donna le furnom de GRAND : l'Europe ne réclama pas contre ce titre. Gènes, Alger & Tunis bombardées par l'Amiral Duquefne, éprouvèrent combien Louis XIV étoit jaloux de fes droits. Le Doge fut forcé de faire des excufes à Verfailles, où il ne trouva rien de fingulier que de s'y voir. La Cour de Rome fut humiliée : ce n'étoit plus le temps où le Souverain Pontife pouvoit d'un feul mot dépouiller un Roi de fes états.

Cette année 1686, vit porter au Calvinifme le coup mortel : Louis XIV triomphant de tous côtés par fes armes, fe flatta qu'il triompheroit aifément de l'opinion de fes peuples : peut-être auffi s'étoit-il laiffé féduire par la vanité de fe montrer plus grand que le Pape, en fervant la religion, malgré fes démêlés avec lui. Malheureufement pour l'État le Chancelier le Tellier & Louvois fon Fils, étoient naturellement portés aux voies dangereufes du defpotifme : le Roi ne fut que trop obéi ; on employa la violence au défaut de la perfuafion, trop lente pour des efprits échauffés, comme ceux des miniftres : la liberté de confcience fut ôtée aux Proteftans ; leurs temples furent démolis ; les enfans arrachés des bras de leurs pères, pour être élevés dans la Religion Catholique. Tant de cruautés réduifirent bientôt au defefpoir des hommes qui n'étoient d'abord qu'enthoufiaftes. Les ordres les plus févères, les gardes placées fur les frontières ne purent les retenir : on vit huit cent mille Fran-çois, perfécutés par leurs compatriotes, abandonner furtivement leurs foyers & fe refugier dans les Royaumes voifins, où ils portèrent des richeffes immenfes, le goût des arts, le fecret des manufactures & la haine de la domination Françoife.

Les ennemis de Louis XIV fe multiplioient de tous côtés. L'Empereur, le Roi d'Efpagne & les autres Puiffances qui s'étoient liguées dans la dernière guerre, fe réunirent dans celle-ci, qui commença vers la fin de l'année 1688. Ils formèrent la ligue d'Ausbourg ; le Prince d'Orange en étoit le principal moteur. Innocent XI, qui n'avoit pas oublié fes démêlés avec la Cour de France, fecondoit par fes intrigues les vues du Prince Hollandois. Louis XIV ne fe laiffa pas prévenir : le Dauphin partit pour aller faire le fiège de Philisbourg. *Mon Fils*, dit le Roi lors de fon départ, *en vous envoyant commander mes armées, je vous donne les occafions de faire connoître votre mérite : allez le montrer à toute l'Europe, afin que quand je viendrai à mourir, on ne s'apperçoive pas que le Roi foit mort.* Le Dauphin fe montra digne de la confiance du Roi fon Père : cette Campagne qui s'ouvrit par la prife de Philisbourg, lui donna lieu de développer & de mettre au grand jour des vertus qui jufques alors avoient été éclipfées par l'éclat du Trône. Les ennemis retrouvèrent en lui le courage & la valeur de fon Ayeul HENRI-LE-GRAND ; & les François admirèrent la douceur, l'humanité que nous voyons revivre dans fon Petit-Fils, & qui lui ont acquis le titre flatteur de *Bien-Aimé*.

L'année fuivante, Jacques II, chaffé d'Angleterre, vint, avec fa famille, chercher un afyle en France, & demander des troupes pour reprendre une Couronne qu'il n'avoit pu conferver. La Marine Françoife, qui pour lors étoit dans l'état le plus floriffant, mettoit le Roi à portée de faire les plus grands efforts pour rétablir fur le Trône ce Prince malheureux. Les Efcadres Françoifes battirent à plufieurs reprifes celles des ennemis : Tourville, Vice-Amiral, remporta en 1690 une victoire, qui rendit Louis XIV maître de la mer pendant plus de deux ans ; mais le malheur, ou plutôt la foibleffe de Jacques II, rendit inutiles tous les fecours qu'il avoit reçus de Louis ; il fut défait par le Prince d'Orange fon Gendre, à la bataille décifive de la Boine, où les feuls François difputèrent la victoire. Cet échec ne rebuta point Louis XIV : il voulut tenter encore de vaincre la mauvaife fortune de Jacques II, quoiqu'il fût en guerre avec une grande partie de l'Europe ; la fortune ne feconda point fes projets. La malheureufe journée de la Hogue ne fervit qu'à porter une rude atteinte à la Marine Françoife, & à faire perdre à Jacques II, le peu de reffources qui lui reftoit. Il revint en France finir pieufement dans un Couvent, une vie qu'il auroit dû perdre en combattant à la tête de fes armées.

Les armées Françoifes foutenoient avec éclat fur terre la réputation qu'elles s'étoient acquifes. Le Maréchal de Luxembourg, héritier du génie & du courage du grand Condé, dont il avoit été l'élève, marchoit de victoire en victoire dans les Pays-Bas. Il gagna la bataille de Fleurus. Surpris à Steinkerque en 1691, par une rufe du Roi Guillaume, il vint à bout, quoique malade, de le repouffer & de le vaincre. Le Duc de Chartres, depuis Régent du Royaume, M. le Duc, le Prince de Conti & le Duc de Vendôme, firent dans cette occafion des prodiges de valeur. L'année fuivante, Luxembourg avec ces mêmes Héros furprit Guillaume à Nerwinde, & gagna une nouvelle bataille. Dans cet intervalle de temps le Roi prit en perfonne Mons & Namur. Le Maréchal de Catinat, auffi grand Philofophe que grand Capitaine, défit le Duc de Savoie à la Stafarde & à la Marfaille. Le Maréchal de Noailles fut vainqueur en Catalogne ; le Maréchal de Lorges l'avoit été en Allemagne. Jamais les fuccès n'avoient été plus prompts & plus brillans ; on eût dit que la fortune vouloit faire oublier au Roi le revers qu'il venoit d'effuyer fur mer. Les

François, après avoir été vainqueurs pendant si long-temps, s'affoiblirent par leurs succès: ils combattoient dans les Alliés une hydre toujours renaissante, & l'Etat commençoit à s'épuiser de Soldats; les recrues étoient plus difficiles. L'armée venoit de perdre le Maréchal de Luxembourg, & le Ministère, M. de Louvois. On desira la paix de part & d'autre. Quatre armées que la France avoit encore sur pied, ne servirent pas peu à accélérer les conclusions du traité, qui fut signé à Riswick, au mois de Septembre 1697. Le Roi y donna des preuves de la plus grande modération; il sacrifia toutes ses conquêtes pour avoir la paix: exemple que nous avons vu depuis renouveller par notre auguste Monarque.

Cette année fut célèbre par l'élection du Prince de Conti à la Couronne de Pologne. Ce n'étoit pas le premier Roi qu'un peuple étranger fut venu demander à la France. Naples, en 1647, avoit appellé le Duc de Guise, mais il eut le même sort que le Prince de Conti; ils ne reçurent l'un & l'autre aucuns secours de la France. Peut-être étoit-ce une politique du Ministère de ne pas permettre que les Princes devinssent si puissans.

Charles II, Roi d'Espagne, mort sans postérité en 1700, venoit par son testament de laisser la Couronne au Duc d'Anjou petit-fils de Louis XIV. Il fut déclaré Roi d'Espagne, sous le nom de Philippe V. Le Roi lui dit lorsqu'il partit: *Il n'y a plus de Pyrénées.* Parole qui exprimoit d'une manière aussi spirituelle que concise, l'union de deux peuples divisés depuis si long-temps. L'Europe ne vit pas sans jalousie l'aggrandissement de la Maison de Bourbon. L'Angleterre, la Hollande & l'Empire, se réunirent pour enlever ce qu'elles pourroient de la succession d'Espagne. Les succès accrurent les prétentions des Alliés. Ils se flattèrent de détrôner Philippe V. L'Empereur avoit commencé la guerre en Italie, au printemps 1701, avant même que l'alliance contre la France fût signée. Ses troupes étoient commandées par le célèbre Prince Eugène. La Cour de France lui opposa le Maréchal de Catinat; mais ce Général gêné par des ordres supérieurs, ne réussit pas. Villeroi, favori de Louis XIV, se flatta de mieux faire. La faveur de son maître n'étoit pas un titre pour bien commander: il se laissa surprendre dans Crémone par le Prince Eugène, & tomba même entre les mains des ennemis. Vendôme fut envoyé pour remplacer le Général prisonnier. La présence d'un petit-fils de Henri le Grand, adoré des Soldats, rétablit un peu les affaires.

La

La guerre se faisoit dans les Pays-Bas moins heureusement encore qu'en Italie. Les Généraux François ne profitèrent pas des succès que Villars avoit eus à la bataille de Fredlingue. Les Maréchaux de Tallard & de Marsin, joints à l'Electeur de Bavière, se firent battre dans ces mêmes plaines d'Hochstet, où Villars un an auparavant avoit vaincu. Ce Général, qui devoit un jour sauver la France, étoit pour lors employé dans les Cévennes à soumettre des paysans rebelles. Ces revers en amenèrent d'autres : Villeroi sorti de prison, perdit en Flandre la bataille de Ramilly. Ce fut au retour de cette Campagne, que le Roi, lorsqu'il auroit pu témoigner son mécontentement à son favori, lui dit avec cette grandeur d'ame qui n'appartient qu'aux Héros : *Monsieur le Maréchal, on n'est plus heureux à notre âge.*

Louis XIV, n'avoit jusqu'alors perdu que des conquêtes ; la France n'étoit pas encore entamée. Le Prince Eugène & le Duc de Savoie y pénétrèrent enfin, & mirent le siége devant Toulon. La perte de cette place importante fut suivie de la prise de Marseille. Tant de disgraces n'avoient point abattu le courage de Louis : il faisoit voir dans l'adversité qu'il étoit digne du surnom de GRAND, & conservoit au milieu de ses revers cette élévation de caractère qui l'avoit porté aux plus grandes choses. Déja le Royaume étoit ouvert de toutes parts. L'enlèvement de M. le Premier, surpris par les Hollandois sous les fenêtres de Versailles, faisoit trembler pour Sa Majesté & la Famille Royale. Dans ces extrémités le Roi demanda la paix. Les conditions que proposèrent les ennemis révoltèrent un Prince accoutumé à faire la loi. Il résolut de tenter de nouveau le sort des armes ; il ne fut pas favorable. La bataille de Malplaquet perdue par Bouflers & Villars, l'épuisement de l'état, la misère des peuples, rendirent la paix indispensable. Le Roi vivement pénétré des malheurs de la France, s'humilioit de nouveau devant les vainqueurs, & alloit signer un traité honteux. Un seul homme fait changer la face des choses. Vendôme, par la victoire qu'il remporte à Villaviciosa, sauve l'Espagne, & fait suspendre les hostilités entre la France & l'Angleterre.

Cependant le Prince Eugene faisoit de nouveaux progrès en Flandre. Les malheurs domestiques du Roi mettoient le comble à la désolation. La mort de son fils unique, le Duc de Bourgogne, la Duchesse, leur fils aîné enlevés rapidement, l'héritier de la Couronne en danger de mort, faisoient payer bien cher à Louis XIV la gloire de ses premières années. Toujours ferme dans l'adversité, il dit *qu'en cas d'un nouveau malheur, il convoqueroit toute la Noblesse de son Royaume, qu'il la conduiroit à l'ennemi, malgré son âge de soixante-quatorze ans, & qu'il périroit à la tête.* Villars tira Louis & la France de ce péril extrême. Il força les lignes devant Denain, & battit complettement le Prince Eugene. La paix fut le prix de la victoire : elle fut enfin signée à Utrecht au mois de Mars 1713, & l'année suivante à Radstat. Philippe V renonça à la succession de la Couronne de France, & resta paisible possesseur de celle d'Espagne.

Louis XIV fut attaqué vers le milieu d'Août 1715, au retour de Marly, de la maladie qui termina ses jours. Ce Prince vit approcher la mort avec cette grandeur d'ame & cette fermeté qui l'avoient soutenu au milieu de ses revers. Les sentimens de religion dont il avoit toujours été pénétré, & qui redoubloient en ce moment terrible, lui donnèrent une nouvelle force. *Pourquoi pleurez-vous,* dit-il à ceux qui l'environnoient ? *m'avez-vous cru immortel ?* Ce fut dans ces dispositions, qu'après un règne de soixante-treize ans, le plus long qu'il y ait eu dans cette Monarchie, ce grand Prince mourut le premier Septembre, dans la soixante & dix-septième année de son âge.

Louis XIV avoit nommé, par son testament, un Conseil de Régence, dont le Duc d'Orléans devoit occuper la première place : le Parlement cassa ce testament, & nomma le Duc d'Orléans seul Régent.

La vie privée de Louis XIV ne démentit point le surnom de GRAND que ses conquêtes lui avoient fait donner. Ses vertus étoient de lui ; ses défauts étoient de ses flatteurs. Politique profond, il lisoit à travers le masque dont le courtisan cherche toujours à se couvrir ; aussi disoit-il : *Toutes les fois que je donne une place, je fais cent mécontens & un ingrat.* Il sçavoit honorer le mérite, moins par la magnificence de ses bienfaits, que par la manière dont il les accordoit. Il avoit donné une pension de 6000 liv. à M. Talon, Avocat Général : M. de Lamoignon, qui possédoit la même Charge, lui demanda la même faveur ; le Roi la lui promit. Six mois se passèrent, pendant lesquels M. de Lamoignon se présenta plusieurs fois devant le Roi sans qu'il fût question de rien. *M. de Lamoignon,* lui dit un jour Sa Majesté, *vous ne me parlez plus de votre pension. Sire,* répondit ce Magistrat, *j'attends que je l'aie méritée. Si cela eft*, repartit le Roi, *je vous dois des arrérages.* La penfion fut accordée avec les intérêts depuis le jour où M. de Lamoignon l'avoit demandée.

Ce Prince avoit dans l'efprit beaucoup de précifion, de jufteffe & d'affabilité. Il ne perdoit aucune occafion de dire à ceux qui l'environnoient des chofes agréables. Du Guai-Trouin lui faifoit le détail d'un combat naval ; & parlant d'un vaiffeau qu'on appelloit la Gloire, difoit : *J'ai ordonné à la Gloire de me fuivre. Elle vous fut fidèle*, reprit Sa Majefté.

Le Duc de la Rochefoucault paroiffant un jour inquiet au fujet de fes dettes : *Que ne parlez-vous à vos amis*, lui dit le Roi : ce mot fut accompagné d'une gratification de cinquante mille écus.

Le Comte de Marivaux, Lieutenant Général, dont le caractère altier n'avoit pu être fléchi dans la Cour de Lou is XIV, avoit perdu un bras dans une action, & fe plaignoit hautement au Roi, qui l'avoit pourtant récompenfé : *Je voudrois*, dit-il avec humeur, *avoir auffi perdu l'autre bras, & ne plus fervir Votre Majefté. J'en ferois bien fâché pour vous & pour moi*, dit Lou is XIV. Ces paroles furent fuivies d'une grace qu'il lui accorda.

C'eft par de femblables traits de douceur & d'affabilité qu'un Souverain, digne de l'être, doit tempérer l'éclat de la Majefté royale, & faire difparoître en quelque forte l'intervalle immenfe qui fe trouve entre le Sujet & le Maître. Lou is aimoit les louanges, & les méritoit vraiment, puifqu'il fçavoit les rejetter quand elles étoient trop fortes. Lorfque l'Académie Françoife, qui lui rendoit toujours compte des fujets qu'elle propofoit pour fes prix, lui fit voir celui-ci : *Quelle eft de toutes les vertus du Roi celle qui mérite la préférence ?* Le Roi rougit, & ne voulut point qu'on agitât une pareille queftion.

A tant de vertus, digne de l'eftime du fage, il joignoit les qualités les plus capables d'enchanter le peuple. La richeffe de fa taille, la beauté majeftueufe de fes traits, un fon de voix noble & touchant, une démarche pleine de dignité le faifoient aifément remarquer au milieu de la foule des courtifans qui l'environnoient. C'étoit lui que Racine avoit eu en vue dans ces deux vers de Bérénice :

> En quelqu'obfcurité que le Ciel l'eût fait naître,
> Le monde en le voyant eût reconnu fon Maître.

Dans la conquête qu'il fit de la Franche-Comté en 1668, ſa préſence acheva de lui gagner les cœurs de ceux que ſes armes lui avoient ſoumis. Un païſan, qui étoit accouru pour le voir, s'écria dans cette extaſe qu'opère le charme de la ſéduction : *Je ne m'en étonne plus.*

L o u i s XIV, jeune, plein de charmes, triomphant, environné de beautés qui ſe diſputoient ſon cœur, eut le foible de beaucoup de héros ſéduits par les attraits du plaiſir. Il fut ſenſible à l'amour, mais n'en fut point l'eſclave. Meſdames de la Vallière, de Monteſpan & de Maintenon furent les maîtreſſes de ſon cœur, ſans jamais gouverner ſon eſprit ; & ſi quelque choſe peut rendre ſes foibleſſes excuſables, c'eſt la décence qu'il conſervoit au milieu des erreurs de l'amour. Il honora toujours la Reine ; & quand il apprit ſa mort en 1683, il dit : *Voilà le premier chagrin qu'elle m'ait jamais donné.*

On a reproché à L o u i s XIV ſon goût pour les dépenſes faſtueuſes ; mais ſon luxe n'inſulta jamais à la miſère des peuples ; & peut-être ce luxe devenoit-il néceſſaire dans un Etat où les arts étoient dans leur enfance, & où les manufactures naiſſantes demandoient à être encouragées.

L o u i s XIV eut de Marie-Thérèſe d'Autriche, Louis Dauphin, mort le 14 Avril 1711, deux autres fils & trois filles, morts jeunes.

Il eut de Madame la Ducheſſe de la Vallière : Louis de Bourbon, Comte de Vermandois, mort en 1683. Marie-Anne, dite Mademoiſelle de Blois, Princeſſe de Conti, morte en 1739. De Madame la Marquiſe de Monteſpan : Louis-Auguſte de Bourbon, Duc du Maine, mort en 1736. Louis Céſar, Abbé de Saint-Denis, mort en 1683. Louis-Alexandre de Bourbon, Comte de Touloufe, mort en 1737. Louiſe-Françoiſe de Bourbon, dite Mademoiſelle de Nantes, Ducheſſe de Bourbon, morte en 1743. Louiſe-Marie de Bourbon, dite Mademoiſelle de Tours, morte en 1681. Françoiſe-Marie de Bourbon, dite Mademoiſelle de Blois, mariée au Régent, morte en 1749 : Et deux autres fils morts jeunes.

LOUIS XIII.

LOUIS XIII,

DIT LE JUSTE.

Louis XIII né à Fontainebleau le 27 Septembre 1601, monta sur le Trône le 15 Mai 1610, à l'âge de huit ans & demi.

Les premières années de son règne, qui devoit affermir pour toujours l'autorité royale, ne présentent qu'une suite d'intrigues, de factions & de traités également propres à l'anéantir.

Le Duc d'Épernon, après la mort de Henri, avoit fait déférer par le Parlement la Régence à Marie de Médicis. Cette Princesse, aussi ambitieuse qu'incapable de gouverner, livrée entièrement à deux Étrangers qui se partageoient les dépouilles de la France, vit bientôt méprifer une autorité qu'elle aviliffoit en la leur confiant. La foibleffe du Gouvernement réveilla cet efprit de révolte, que Henri avoit eu tant de peine à contenir ; il éclata enfin. Le Prince de Condé, le Duc de Vendôme & quelques autres Seigneurs, quittèrent la Cour : la Régente trop foible pour les punir, acheta, par le traité de Sainte-Menehould, une paix honteufe & momentanée.

Une des conditions de ce traité étoit la convocation des États généraux : la Reine, qui n'en redoutoit point l'événement, les affembla à Paris ; il n'en réfulta que de vaines difputes entre les trois Ordres, des remontrances infructueufes & une conviction de leur inutilité : ce font les derniers qui aient été tenus en France.

Cependant, les motifs ou les prétextes des plaintes des mécontens fubfiftoient toujours : le Roi avoit été déclaré majeur ; mais cette cérémonie n'avoit diminué ni l'autorité de la Reine, ni le crédit exceffif de Concini. Le Prince de Condé fe révolte une feconde fois, & entraîne dans fon parti les Proteftans. Louis, à la tête d'une armée, marche contre les rebelles, & va recevoir à Bordeaux Anne d'Autriche, Infante d'Efpagne, dont le mariage arrêté depuis long-temps avec lui, étoit l'ouvrage de la mauvaife politique de Marie de Médicis.

Une paix trompeufe parut calmer ces nouveaux troubles : la Reine crut en étouffer le germe, en faifant arrêter au milieu de la Cour le Prince de Condé, qui s'y étoit rendu fur la foi d'un traité. Jeannin & Villeroy osèrent blamer fa conduite; ils furent privés de leurs places. On donna celle de Secrétaire d'État, dont le dernier étoit revêtu, à Richelieu, évêque de Luçon, que la Reine-mère comptoit alors parmi fes créatures, & qu'elle regarda quelque temps après comme fon plus cruel ennemi.

Son triomphe ne fut pas de longue durée : le jeune Luines, devenu par degrés le favori du Roi, fouffroit impatiemment qu'elle confervât fur l'efprit de fon Fils un empire qu'il vouloit ufurper. Il parvint à faire rougir ce Prince de l'efpèce de tutelle fous laquelle on le retenoit : la perte du Maréchal d'Ancre fut réfolue. Vitry, chargé de l'arrêter, profita d'une ombre de réfistance pour le tuer dans la cour du Louvre. Le peuple toujours extrême, lui infulta après fa mort, avec une inhumanité barbare. Le Parlement flétrit fa mémoire, & fit exécuter fa veuve, dont le plus grand crime étoit peut-être, comme elle le dit elle-même, d'avoir abufé de l'*afcendant qu'un efprit fupérieur a toujours fur un efprit foible.*

La difgrace de la Reine fuivit de près la mort de fon favori ; elle fut d'abord prifonnière au Louvre, & enfuite reléguée à Blois. Richelieu qui l'y accompagna devint fufpeẟ au Duc de Luines, qui le fit exiler à Avignon.

Ces révolutions dans le Miniftère ne diffipèrent point les faẟions qui divifoient la Cour ; la haine des mécontens n'avoit fait que changer d'objet. Luines, qui avoit fuccédé aux places & aux biens immenfes de Concini, excita la même envie. Le Duc d'Épernon, trop fier pour plier fous un favori, quitta la Cour, enleva la Reine du château de Blois, & la conduifit à Angoulême. Un accommodement négocié par Richelieu, fufpendit pour quelque temps la guerre civile.

Elle ne tarda pas à fe rallumer; la Reine ne voyoit qu'avec défefpoir fon autorité paffée entre les mains du favori. Angers, où elle avoit fixé fa Cour, étoit devenu le rendez-vous de ceux qui avoient à fe plaindre de lui, ou qui envioient fa fortune : ils la déterminèrent fans peine à reprendre les armes. Richelieu devenu tout puiffant dans le Confeil de la Reine, fut encore le médiateur entre Elle & le Roi, qui paya ce fervice par la promeffe d'un Chapeau de Cardinal.

Hénault, « Ainfi, l'évêque de Luçon, qui avoit commencé fa fortune par le Maréchal
Abr. chron. » d'Ancre, la continua par le Duc de Luines ».

Louis avoit à peine calmé ces troubles, qu'une affaire plus férieufe & plus importante attira toute son attention. Les Protestans mécontens du Gouvernement commençoient à remuer. Leurs assemblées séditieuses annonçoient une révolte prochaine. Il croit devoir la prévenir : il marche contre eux en personne, & s'empare de Saint-Jean-d'Angely, défendu par Soubise, un de leurs Chefs. Rohan plus heureux, force l'armée Royale à lever le siège de Montauban. Luines meurt de maladie au siége de Monheur, & laisse l'épée de Connétable à Lesdiguières, devenu Catholique.

La Campagne suivante fournit au Roi des occasions de signaler ce courage intrépide qu'il avoit hérité de Henri. Il passa au milieu de la nuit dans l'Isle de Riez, à la tête de ses gardes, & en chassa Soubise. Au siége de Royan on le vit exposer plusieurs fois sa vie pour reconnoître la place, qu'il força enfin à capituler. Mais son armée victorieuse vint échouer devant Montpellier. La résistance des Assiégés fit songer à la paix. Le Roi accorda aux Protestans la confirmation de l'Edit de Nantes & de leurs privilèges. Rohan obtint une gratification de huit cents mille livres. Telle étoit la foiblesse du Gouvernement, que la révolte devenoit un titre pour demander des graces & pour les obtenir.

Richelieu seul étoit capable de prévenir les effets de cette funeste politique, qui alloit perdre l'Etat ; il força enfin tous les obstacles que ses ennemis lui opposoient, & entra au Conseil, où la supériorité de son génie lui assigna bientôt la première place.

Le système du Gouvernement parut changer. On forma de plus grands desseins. On prit pour leur exécution de plus sages mesures. Le mariage de Henriette, sœur du Roi, avec le Prince de Galles, fut arrêté. L'affaire de la Valteline commença à abaisser la fierté Espagnole. Philippe IV s'étoit emparé de cette Province, pour en fermer, disoit-il, l'entrée à l'hérésie ; mais en effet, pour s'assurer un passage en Italie. Les troupes du Roi commandées par le Marquis de Cœuvres, chassèrent les Espagnols : le traité de Monçon, conclu quelques années après, termina cette guerre.

On voyoit déja naître entre le Roi & le Duc d'Orléans, son frère, ces divisions devenues si funestes à tous les partisans de ce Prince. La haine contre le Ministre étoit le lien qui réunissoit tous les factieux : ils formèrent le dessein de l'assassiner. Chalais, grand Maître de là Garde-robe, périt sur un échaffaut ;

le Maréchal d'Ornano & MM. de Vendôme furent arrêtés. Le Cardinal devenu plus puiſſant que jamais, fit éloigner Baradas, favori du Roi, & lui donna Saint-Simon pour ſucceſſeur.

Délivré de ces troubles, il ſe livra entièrement à l'exécution du projet qu'il méditoit depuis ſi long-temps, pour la ruine du parti Calviniſte. Une révolte des Huguenots lui avoit offert une occaſion que des circonſtances l'empêchèrent de ſaiſir. Elle ſe repréſenta : les Rochelois excités par Bouckingam, ſe révoltent de nouveau. Toiras chaſſe les Anglois de l'Iſle de Rhé, & les force de s'éloigner de nos côtes. Le Roi en perſonne vient mettre le ſiége devant la Rochelle ; une digue immenſe, dont le projet avoit paru chimérique, eſt conſtruite au milieu de l'Océan. L'Amiral Anglois tente envain de la rompre, & ſe retire dans ſes Ports. Les Rochelois livrés aux horreurs de la plus cruelle famine, ſe ſoutenoient encore par le fanatiſme & par l'eſpérance de nouveaux ſecours. Une ſeconde flotte Angloiſe parut devant la Rochelle, mais elle n'eut pas plus de ſuccès que la première, & la Ville fut obligée de ſe rendre au Roi, qui détruiſit ſes fortifications, & lui ôta ſes privilèges. Ce fut un coup mortel pour le Calviniſme, & l'événement le plus utile du miniſtère de Richelieu.

Le Roi, vainqueur des Rochellois, vola au ſecours du Duc de Mantoue, que l'Empereur & le Roi d'Eſpagne vouloient dépouiller de ſes Etats. Il força, à la tête de ſon armée, les barricades du Pas de Suze, ſecourut Caſal, & finit cette guerre quelques années après, par une paix avantageuſe à ſon Allié, & honorable pour la France.

Le ſuccès des entrepriſes du Cardinal ne faiſoient qu'aigrir ſes ennemis. La Reine-mère avoit juré ſa perte. LOUIS, fatigué par ſes plaintes continuelles, parut céder : la Reine crut un inſtant qu'elle alloit reprendre ſur l'eſprit de ſon fils ſon ancien empire ; mais Richelieu averti par Saint-Simon, que le Roi veut encore le voir, vole à Verſailles, & fixe par ſa préſence les incertitudes de ſon Maître : « *Continuez à me ſervir comme vous avez fait*, lui dit ce Prince, *Je » vous maintiendrai contre toutes les intrigues de vos ennemis* ».

Ce jour, ſi célèbre pour le Cardinal, fut appellé la journée des *dupes*. Les deux frères Marillac, ſes ennemis, furent ſacrifiés à ſon reſſentiment. Le

Maréchal

Maréchal eut la tête tranchée ; le Garde des Sceaux, moins haï, en fut quitte pour la perte de fa place.

La Reine Mère céda enfin à la fortune du Cardinal. Retirée à Bruxelles, elle excitoit encore le foible Gafton à la révolte. Ce Prince, factieux par caprice, livré à des favoris fans mérite, paffoit fa vie à faire la guerre pour leur plaire, & à les facrifier pour obtenir la paix. Soutenu par le Duc de Lorraine, dont il avoit époufé la fœur, il commença une nouvelle guerre civile. Le Duc en fut le premier puni ; il perdit fes meilleures places, & n'obtint la paix qu'en quittant fon allié. Montmorency, que Gafton avoit entraîné dans fon parti, abandonné lâchement à la bataille de Caftelnaudary, paya de fa tête fon imprudence & la foibleffe de Monfieur.

Le Duc d'Orléans, qui n'avoit pas fçu le défendre, reprit les armes pour le venger. Le Duc de Lorraine, foit par attachement pour lui, foit par inconftance, viola fes promeffes ; & cette nouvelle infraction lui coûta Nancy, que le Roi réfolut de garder jufqu'à ce qu'il lui eût remis entre les mains Marguerite fa fœur, que Gafton avoit époufée fecrètement. Ce mariage, contracté fans le confente-ment du Roi, fut déclaré nul par les Docteurs, & caffé par le Parlement de Paris.

Un traité fait avec le Duc d'Orléans mit fin à cette guerre. Puilaurens, fon favori, qui en fut le négociateur, obtint une nièce du Cardinal, & la qualité de Duc & Pair. Il ne jouit pas long-temps de fa fortune : oubliant fes engagemens, il chercha bientôt à exciter de nouveaux troubles. Le Cardinal les prévint en le faifant mettre à la Baftille, où il mourut peu de temps après.

Au milieu de ces cabales & de ces factions, Richelieu préparoit l'exécution des projets qu'il avoit formés depuis long-temps contre la maifon d'Autriche. Par un traité fait avec la Hollande, le Roi s'engageoit à faire la guerre au Roi d'Efpagne, & partageoit déja les Pays-Bas, qu'il projettoit de conquérir. Il y envoya, en effet, une armée ; une autre, commandée par le Cardinal de la Valette, entra en Allemagne. Ces deux armées eurent peu de fuccès : ceux du Duc de Rohan dans la Valteline confolèrent le Cardinal.

Il fit l'année fuivante un nouveau plan, qui manqua également dans l'exécution. Le Prince de Condé entre en Franche-Comté, & fait le fiège de Dôle, qu'il eft obligé de lever pour envoyer une partie de fon armée au secours de la Picardie. Les Espagnols avoient pénétré dans cette Province ; la Capelle, Corbie, le Catelet, avoient ouvert leurs portes aux vainqueurs. L'épouvante s'empare de la Cour & de la capitale, qui croit à tous momens voir les ennemis à ses portes. Richelieu, consterné des suites d'une guerre qu'il avoit conseillée, en bute aux traits de la haine, auroit abandonné le ministère si le P. Joseph n'eût calmé ses inquiétudes & ranimé son courage.

Les affaires parurent changer de face. Le Comte de Soissons, sous les ordres de Monsieur, reprit Corbie sur les Espagnols, & forma pendant le siège de cette place un nouveau complot, dont le Cardinal devoit être la victime. Les assassins n'attendoient que le signal : la foiblesse ou la religion de Gaston empêcha l'exécution. Ce Prince craignant que son projet n'eût transpiré, quitta brusquement la Cour avec le Comte de Soissons, & y revint bientôt sur la promesse que lui fit le Roi d'approuver son mariage.

Cependant la guerre, allumée par la politique de Richelieu, embrâsoit depuis long-temps l'Europe, sans avoir produit aucun événement décisif. Weimar parut enfin fixer la fortune par la victoire de Reinfelds, où quatre Généraux de l'Empereur furent faits prisonniers ; Condé, moins heureux, échoua au siége de Fontarabie comme à celui de Dôle. Le Cardinal sçavoit profiter des revers mêmes pour servir sa vengeance & affermir son autorité. La Valette, qu'il vouloit perdre, fut à ses yeux la seule cause de ce mauvais succès ; il lui fit nommer des commissaires : en vain le Parlement voulut réclamer, Louis, aussi sévère que son Ministre, rejetta ses remontrances. *Ceux qui disent*, répondit-il, *que je ne puis pas donner les juges qu'il me plaît à mes sujets qui m'ont offensé, sont des ignorans indignes de posséder leur charge.* La Valette fut condamné & exécuté en effigie ; mais il fit annuller dès les premières années de Louis XIV ce jugement irrégulier.

Le Cardinal, pour subvenir aux frais d'une guerre coûteuse, avoit augmenté des impôts déja excessifs : ils arrachèrent des murmures à cette partie du peuple qui prend souvent sur son nécessaire pour fournir aux besoins de l'Etat. Une révolte assez considérable éclata en Normandie : le Parlement, accusé de ne l'avoir pas réprimée avec assez de vigueur, fut interdit par le Chancelier Seguier. La modération devenoit un crime sous un Ministre accoutumé à être obéi.

La fortune continuoit à se déclarer en faveur de ses projets. Le Comte de Harcourt prit Turin à la vue d'une armée ennemie qui l'assiégeoit lui-même dans ses lignes. Arras emporté par l'armée françoise, perdit son titre d'imprenable. Cette conquête ne fut pas le coup le plus funeste pour la Monarchie Espagnole : la mauvaise politique d'Olivarès & les intrigues de Richelieu lui firent perdre la Catalogne, qui se révolta & se donna au Roi.

Pendant que la France triomphoit ainsi de ses ennemis, de nouveaux troubles déchiroient son sein. Le Comte de Soissons, retiré à Sedan, avoit formé, avec les Ducs de Bouillon & de Guise, un parti considérable ; déja ils étoient à la tête d'une armée nombreuse. Châtillon, qui commandoit celle du Roi, leur livre la bataille & la perd : la mort du Comte de Soissons, qui périt au milieu de sa victoire, ruina son parti. Le Duc de Bouillon, pour conserver Sedan, se hâta de faire un accommodement, & jura la paix au Cardinal en signant une nouvelle ligue contre lui.

Cinq-Mars, Grand Ecuyer de France, en étoit le principal auteur : ce jeune ambitieux, élevé par le crédit du Cardinal à la plus haute faveur, ne vit bientôt plus dans son bienfaiteur qu'un rival incommode. Séduit par l'espérance de le supplanter, il excita le Duc de Bouillon à la révolte, & attira dans son parti le Duc d'Orléans, toujours prêt à se liguer, sans intérêt, contre la Cour. Ils envoyèrent un émissaire en Espagne, & conclurent, au nom du frère du Roi, un traité qui livroit la France à ses ennemis. Jamais conspiration n'avoit été conduite avec plus de secret & de prudence. Cinq-Mars, qui accompagnoit le Roi à la conquête du Roussillon, triomphoit déja, & demandoit hautement la retraite du Cardinal : elle paroissoit résolue ; & peu s'en fallut qu'une intrigue, tramée par un jeune favori de vingt-deux ans, ne détruisît la puissance d'un Ministre que les brigues de la Reine & des Princes n'avoient pu ébranler.

La fortune de Richelieu le sauva encore. On lui apporta à Tarascon, où il étoit malade, une copie du traité d'Espagne ; il en donna avis au Roi, & tout changea en un instant : Cinq-Mars fut arrêté à Narbonne ; Bouillon au milieu de son armée ; de Thou, leur ami & leur confident, subit le même sort : Monsieur demanda grace à son ordinaire en abandonnant ses complices. Le Duc de Bouillon perdit fa place de Sedan, dont il reçut depuis un dédommagement confidérable. Cinq-Mars, victime de fon ambition, eut la tête tranchée à Lyon ; de Thou fubit la même peine, pour n'avoir pas révélé le traité dont il avoit connoiffance.

Ce furent les dernières victimes que Richelieu immola à fa fureté perfonnelle, autant qu'à celle de l'Etat. Accablé par la maladie, il reprit le chemin de la Cour, & mourut occupé du projet de s'affurer la Régence après le trépas de Louis XIII.

Le Roi ne furvécut pas long-temps à fon Miniftre ; il mourut le 14 Mai 1643. Anne d'Autriche, après vingt-trois ans de ftérilité, lui avoit donné deux fils, Louis, qui lui fuccéda, & Philippe, mort en 1701, père de Philippe d'Orléans, qui fut depuis Régent du Royaume.

Louis XIII étoit d'un caractère férieux & févère; aimant la retraite; attaché à fes favoris moins par goût que par le befoin d'avoir quelqu'un qui partageât fa folitude. Ses vues étoient droites ; fon efprit fage & éclairé, ne fe laiffoit gouverner que par la perfuafion. Moins affable que Henri, il n'aimoit pas moins fes peuples. *Je voudrois*, difoit-il, *qu'il n'y eût de places fortifiées que fur les frontières de mon Royaume, afin que le cœur & la fidelité de mes fujets ferviffent de citadelle & de garde à ma Perfonne.* Intrépide dans les dangers, il étonna plufieurs fois par fon courage. Au fiège de Royan un boulet paffe près de lui : *Mon Dieu, Sire*, s'écrie Baffompierre, *ce boulet a failli vous tuer. Non pas moi*, répond tranquillement le Roi, *mais M. d'Epernon.* Les gens de fa fuite s'écartoient pour éviter le coup : *Comment, dit-il, vous avez peur que cette pièce ne tire ; ne fçavez-vous pas qu'il faut qu'on la recharge.*

Mais fes grandes qualités furent fans éclat; il manquoit de cette vigueur d'ame, & de cette force d'efprit qui font les grands hommes & les héros. « La Providence » l'avoit fait naître dans le moment qui lui étoit propre : plutôt, il auroit été trop » foible ; plus tard, trop circonfpect. Fils & Père de nos deux plus grands » Rois, il affermit le trône encore chancelant de Henri IV, & prépara les » merveilles de Louis XIV ».

Henault, Abr. chronol.

Louis XIII inftitua l'Académie Françoife. Cet établiffement dû au goût de Richelieu pour les Lettres, eft celui qui a le plus contribué peut-être, fous le fiècle fuivant, à la gloire de la Nation,

Rubens pinxit.   Dagoly filius Maj. Sculp.

HENRI IV.

HENRI IV,

DIT LE GRAND.

Henri IV, naquit à Pau en Béarn, le 13 Décembre 1553, d'Antoine de Bourbon, Duc de Vendôme, & de Jeanne d'Albret, Reine de Navarre. Il defcendoit en ligne directe de Robert de France, Comte de Clermont, cinquième fils de Saint Louis. Celui-ci avoit époufé l'héritière de Bourbon, dont les defcendans prirent le nom.

Jeanne d'Albret étant groffe de ce Prince, Henri d'Albret fon Grand-Père, fit promettre à fa fille, qu'elle chanteroit pendant fon enfantement, *afin*, lui difoit-il, *que tu ne me faffes pas un enfant pleureux & rechigné*. La Princeffe tint parole à fon Grand-Père, & malgré les douleurs qu'elle fouffroit, elle eut le courage de commencer une chanfon en langage Béarnois, auffi-tôt qu'elle l'entendit entrer dans fa chambre. L'Enfant vint au monde fans pleurer ni crier. Son Grand-Père l'emporta dans fa chambre, lui frotta les lèvres d'une gouffe d'ail, & lui fit fucer une goutte de vin dans fa coupe d'or. Il fe fervit de ce moyen dans le deffein de lui rendre le tempérament plus mâle & plus vigoureux.

Perefixe, Hiftoire de Henri IV, tom. I.

Ce fut dans le château de Coaraze, fitué au milieu des rochers, entre le Bigorre & le Béarn, que le jeune Henri reçut fa première éducation. Il y avoit été tranfporté par les ordres de fon aïeul, qui mourut dix-fept mois après la naiffance de fon petit-fils. La molleffe ne préfida point à cette éducation. La nourriture ordinaire de ce Prince étoit du pain bis, du fromage & du bœuf. Il n'étoit habillé, comme les autres enfans du pays, que des étoffes les plus groffières. On l'accoutumoit à monter & à courir fur les rochers : fouvent même on le faifoit marcher nuds pieds & nue tête. C'est ainfi qu'en habituant de bonne heure fon corps à l'exercice & aux travaux, il prépara fon ame à fupporter avec courage toutes les viciffitudes que le fort lui fit effuyer.

On ne s'appliqua pas feulement à former le corps du Prince de Béarn (on appelloit alors de ce nom le jeune Henri). Antoine de Bourbon fon père ayant, à la mort de François II, été nommé Lieutenant Général du Royaume, l'amena à la Cour de France, en 1560, & le remit entre les mains de la Gaucherie, homme sage & éclairé, des instructions duquel le jeune Prince n'eut pas beaucoup le temps de profiter. Il n'avoit que treize ans lorsque ce Précepteur mourut. La Reine de Navarre fit alors revenir Henri dans le Béarn. Depuis la mort de son mari, arrivée au siége de Rouen, en 1562, elle y faisoit profession ouverte de la nouvelle Religion dont elle s'étoit déclarée Protectrice. Florent Chrétien, zèlé Protestant, fut chargé d'élever son fils. Ce nouveau Gouverneur ne fut pas le seul que la Princesse lui donna; elle appella auprès de lui ceux d'entre les Huguenots qui avoient le plus de réputation. Le jeune Henri qui joignoit à l'esprit le plus vif le jugement le plus solide, fit bientôt de rapides progrès. La lecture des Œuvres de Plutarque, dont Amyot venoit de donner une excellente Traduction, ne lui fut pas moins utile que les leçons de ses Maîtres; c'est sur-tout en relisant souvent l'Histoire des Hommes Illustres de cet Auteur, qu'il apprit à devenir au moins leur égal.

Déja le Prince de Bearn avoit atteint la seizième année de son âge; déja son ame guerrière l'appelloit aux combats. L'Amiral de Coligni lui fournit bientôt l'occasion de satisfaire son zèle. Louis I, Prince de Condé, son oncle, & chef du parti protestant, venoit de perdre la vie à la bataille de Jarnac. Le jeune Henri fut nommé à sa place, par les conseils de Coligni. Il reçut de cet habile Général les principes de l'Art Militaire. Les premiers pas qu'il fit dans la carrière des armes ne furent pas heureux. Il fut en commençant témoin de la bataille de Moncontour, où Henri III, pour lors Duc d'Anjou, triompha de l'Amiral. Cette bataille sanglante, qui se donna le 3 Octobre 1569, fut la quatriéme du règne de Charles IX. Elle avoit été précédée le 13 Mars de la même année, de celle de Jarnac, où le Duc d'Anjou fut également vainqueur de Coligni; en 1567, de celle de S. Denis, & de celle de Dreux en 1562. Les Huguenots furent défaits à toutes les quatre.

La bataille de Moncontour auroit pu devenir plus funeste au parti qu'elle ne le fut, si le Duc d'Anjou eût sçu profiter de ses avantages. Au lieu de poursuivre l'Amiral, il s'attacha à faire le siége de Saint-Jean d'Angéli, qu'il prit; mais où il perdit beaucoup de monde. Pendant ce temps-là, Coligni, accompagné du Prince de Béarn & du Prince de Condé son cousin, sous les ordres desquels il servoit, eût la hardiesse de traverser tout le Royaume, pour aller au-devant des troupes Allemandes : il les joignit, après avoir battu sous Arnai-le-Duc, le Maréchal de Cossé, qui vouloit s'opposer à ses desseins.

Le jeune HENRI, toujours accompagné de l'Amiral, fit différentes expéditions dans le Languedoc & la Guyenne ; de-là il se rendit dans le voisinage de Paris, où les Huguenots furent sur le point d'en venir aux mains avec les troupes du Roi. La Paix, qui se fit alors à S. Germain, le 11 août 1570, suspendit pour quelque temps toute espèce d'hostilités. « On la nomma *la Paix boiteuse & mal » assise*, parcequ'elle avoit été conclue par les soins de Biron & de Mesmes, » dont le premier étoit boiteux, & l'autre portoit le nom de la Seigneurie de » Malassise ».

M. le Préfi-dent Hénault, *pag. 540.*

Le jeune HENRI profita de cette Paix pour aller se reposer dans le Béarn des fatigues qu'il venoit d'essuyer. Quelques mois après, Charles IX épousa la Princesse Elisabeth d'Autriche. Pour écarter les soupçons des Huguenots, qui malgré les avantages qu'on venoit de leur accorder, avoient toujours la plus grande méfiance des Catholiques, on s'occupa du mariage de Marguerite de Valois, sœur de Charles IX, avec le Prince de Béarn. Ce mariage attira à Paris en 1572, la Reine de Navarre sa mère, qui mourut peu de temps après son arrivée. Elle vécut, « n'ayant des femmes que le sexe, l'ame entière aux choses » viriles, l'esprit puissant aux grandes affaires, le cœur invincible aux grandes » adversités. » Plusieurs personnes ont cru qu'elle avoit été empoisonnée par les Catholiques.

A la nouvelle de sa mort, son fils se rendit dans la Capitale, où il prit le titre de ROI DE NAVARRE. Deux mois après, ses noces avec Marguerite furent célébrées avec la plus grande magnificence : il étoit pour lors âgé de dix-neuf ans. Le deuil & la consternation succédèrent bientôt aux plaisirs & à la joie que ces fêtes avoient fait naître. Le jour de la Saint-Barthélemi arriva ; jour affreux, qu'on ne peut se rappeller qu'avec horreur, qui métamorphosa des hommes en animaux féroces ; qui vit tomber tant d'illustres victimes sous le glaive de la superstition, où Coligni fut lâchement assassiné par Besmes, & qui pensa coûter la vie au Roi de Navarre & à Sulli.

Ce ne fut qu'en paroissant embrasser la Religion Catholique que le jeune

HENRI put fe fouftraire à la mort; mais avec la vie, il n'obtint pas la liberté; il fut retenu dans une efpèce de captivité où il demeura même pendant le fiège de la Rochelle, auquel il affifta, & qui fut fait & levé par le Duc d'Anjou, en 1573. Il refta prifonnier à la Cour de France jufqu'en 1576, qu'il trouva le moyen de s'échapper à la fuite d'une partie de chaffe. Il y avoit alors deux ans que Henri III avoit quitté le Trône de Pologne, pour fuccéder à celui de Charles IX.

Peu de perfonnes accompagnèrent le Roi de Navarre dans fa fuite : il fut fuivi de cinq ou fix Seigneurs, du nombre defquels étoit le Baron de Pofai. Il prit d'abord la route de Normandie : il fe rendit enfuite à Tours, où il rentra de nouveau dans la Religion Proteftante, qu'il avoit feint d'abjurer. Depuis ce temps, jufqu'en 1589, fa vie fut un mêlange continuel de combats, de pacifications & de ruptures avec la Cour de France. Une des entreprifes les plus brillantes de ce Prince, pendant cet intervalle, fut l'attaque de Cahors, en 1580. Ce fut auffi fa première action d'éclat. Il s'empara lui-même de la Ville, à la tête de fes Gardes, après cinq jours entiers de réfiftance de la part des affiégés. Cette expédition, en le couvrant de gloire, faifit d'étonnement toute la France.

Quelques années après, Henri III lui envoya le Duc d'Épernon, pour l'engager à changer de religion. Il répondit qu'il n'étoit point opiniâtre fur cet article, & qu'il ne balanceroit point à changer, fi l'on parvenoit à le convaincre qu'il fût dans l'erreur. Prefque dans le même temps, Sixte V, nouvellement élu Pape, ayant lancé contre lui une Bulle d'excommunication, il s'en vengea par un écrit qu'il fit afficher dans Rome, & jufques aux portes du Vatican. Il y appelloit de cette Bulle comme d'abus au Parlement & au Concile Général. Le Pontife, loin de paroître mécontent d'une démarche auffi hardie, fut affez jufte pour l'admirer.

Ce fut alors que la Ligue fe porta aux plus violens excès. On vit fe former la *Faction des Seize*, efpèce d'affociation particulière, pour Paris feulement; elle étoit compofée de plufieurs hommes, qui s'étoient diftribués dans les feize quartiers de cette Ville. Perfonne n'ignore l'origine de la Ligue. L'Édit de pacification donné par Henri III, au mois de Mai 1576, par lequel on

accordoit

accordoit aux Huguenots, l'exercice public de leur religion, révolta les Catholiques, & fut la caufe de cette confédération étrange, appellée la *Sainte-Union.* On peut la regarder comme la cinquième des guerres civiles, qui eurent lieu depuis le maffacre de Vaffi. Il arriva, en 1562, entre les domeftiques du Duc de Guife & les Huguenots, & donna le fignal aux événemens affreux, qui tinrent fi long-temps le Royaume dans les plus horribles convulfions.

Hors la guerre dite *des trois Henris*, il ne fe paffa rien d'important pendant l'année 1586. Henri III fe mit à la tête des Royaliftes ; HENRI, Roi de Navarre, à la tête des Huguenots ; & Henri du Duc de Guife, fut déclaré le Chef de la Ligue. L'année fuivante fut plus féconde en événemens. Ce fut le 10 Octobre de cette année que fe livra la fameufe bataille de Coutras, où le Roi de Navarre remporta la victoire la plus complette contre le Duc de Joyeufe, qui commandoit les Troupes du Roi, & qui y laiffa la vie.

Lorfque les deux armées furent en préfence, le Roi de Navarre fe tournant vers les Princes de Condé, de Soiffons & de Conti, leur dit : *Souvenez-vous que vous étes du fang de Bourbon* : & *vive Dieu, je vous ferai voir que je fuis votre aîné. Et nous,* lui répondirent-ils, *nous vous montrerons que vous avez de bons cadets.* Il donna, pendant l'action, des preuves de bravoure incroyables. Il faifit de fa main Château-Regnard, en lui criant, *Rends-toi Philiftin ;* dans le même temps il reçut fur fon cafque plufieurs coups de la lance d'un Gendarme. Ce danger ne l'empêcha pas de s'expofer encore. Ses Soldats vouloient fe mettre devant lui pour le garantir : *A quartier, je vous prie,* leur difoit-il, *ne m'offufquez pas ; Je veux paroître.* Après l'action, quelques fuyards s'étant ralliés, on vint lui dire que l'armée du Maréchal de Marignon paroiffoit : *Allons,* dit-il, *mes amis, ce fera ce qu'on n'a jamais vu ; deux batailles en un jour.* Il répondit auffi à quelqu'un qui lui apporta quelques bijoux du Duc de Joyeufe ; « Qu'il ne convenoit qu'à des Comédiens, de tirer vanité des » riches habits qu'ils portent : le véritable ornement d'un Général, ajouta-t-il, » eft le courage & la préfence d'efprit dans une bataille, & la clémence après » la victoire ».

Le Grain
Déc. de Henri-
le-Grand.

Pendant que le Roi de Navarre s'ouvroit le chemin de la gloire, par des fuccès rapides, Henri III étoit en proie aux plus vives allarmes. Quelle

journée que celle des barricades, où fes fujets l'obligent de prendre la fuite!
Cette fçene fe paffa le 12 Mai 1588. Ce fut le 23 Décembre de la même
année, que le Duc de Guife fut affaffiné à Blois, par les ordres du Roi. Le
lendemain le Cardinal fon Frère éprouva le même fort. Le Roi de Navarre
dit, en apprenant cet événement : » Qu'il avoit toujours bien prévu que
»Meffieurs de Guife n'étoient pas capables de remuer l'entreprife qu'ils avoient
»mife en leur entendement, & en venir à bout fans péril de leur vie».

La mort du Chef de la Ligue, loin de décourager les factieux, ne fit que
renouveller leur audace. Ils la portèrent fi loin, que le Roi fe vit obligé
d'implorer le fecours du Roi de Navarre, & de fe joindre à lui. Ce fut près
de Pleffis-lès-Tours que fe fit l'entrevue des deux Princes. Il n'eft point de
marques d'amitié qu'ils ne fe donnaffent mutuellement. Henri III appelloit
le Roi de Navarre fon cher frère ; & le Roi de Navarre le nommoit le premier
fon Seigneur. *Courage*, lui dit-il en l'embraffant, *courage, mon Seigneur : deux
Henris valent mieux qu'un Carolus.* Il vouloit faire allufion au Duc de Mayenne,
qui s'appelloit Charles, & qui à la mort du Duc de Guife, fon frère, étoit
devenu le chef de la Ligue.

Auffi-tôt que les deux Rois eurent uni leurs armes contre les Ligueurs, ils
remportèrent des avantages confidérables. Bien tôt les Parifiens battus près
de Senlis, n'eurent plus d'autre reffource que de fuir, & de venir fe renfermer
dans Paris, avec le Duc de Mayenne. Déja ce fujet rebelle affiégé, étoit fur le
point de fuccomber fous les efforts des affaillans, Déja Paris alloit r'ouvrir
fes portes à fon Roi, lorfque ce Prince devint la victime d'un Moine fanatique.
Henri III fut affaffiné, le premier Août 1589, par Jacques Clément, &
mourut le lendemain.

Henri IV lui fuccéda ; fa naiffance & fes qualités l'appelloient au Trône.
Le fanatifme & la mauvaife foi pouvoient feules le lui difputer. La plupart
des Seigneurs Catholiques ou Proteftans qui fe trouvèrent alors à la Cour,
le réconnurent pour leur Souverain légitime. Le Cardinal de Bourbon, fon
oncle, & celui que les Ligueurs fe choifirent pour Roi, fous le nom de
Charles X, le reconnut lui-même.

Henri ne tarda pas à abandonner le fiège de Paris. Il fit au Duc de

Mayenne des propofitions d'accommodement : celui-ci, loin de vouloir les accepter, fe difpofoit à une guerre ouverte contre le Roi. Déja marchant à la tête de vingt-cinq mille hommes, *il publioit qu'il alloit prendre le Béarnois.* (C'étoit le nom que la Ligue donnoit au Monarque.) La bataille d'Arques, qui fe livra près de Dieppe, le 22 Septembre 1589, lui apprit que le courage, joint à l'habileté, peut fouvent davantage que la force mal dirigée. H E N R I, avec une armée de beaucoup inférieure à la fienne, en triompha.

Il difoit, avant cette journée, qu'il étoit *Roi fans Royaume, Mari fans femme, Guerrier fans argent.* Il écrivoit à Crillon, après l'action : *Pends toi, brave Crillon, nous avons combattu à Arques, & tu n'y étois pas.* Comme la perte de la bataille venoit en partie de la faute du Duc de Mayenne, qui paffoit beaucoup de temps au lit & à la table, H E N R I IV difoit de lui : *S'il n'y va pas d'une autre façon, je fuis affuré de le battre toujours à la campagne.*

La victoire qu'il remporta fur lui, dans les plaines d'Ivri, le 14 Mars de l'année fuivante, fut une preuve qu'il avoit raifon de ne pas le craindre. Le Duc étoit encore fupérieur en nombre. Le Roi, dans cette journée, qui fuffifoit pour l'immortalifer, ne fe montra pas moins grand, par des traits de bon cœur, & de générofité, que par des actions de bravoure.

Quelqu'un, avant la bataille, lui repréfentoit que dans les difpofitions qu'il faifoit, il ne prenoit point de précautions, en cas de retraite : *Point d'autre retraite,* répondit-il, *que le champ de bataille.* Parcourant enfuite les rangs, avec cet air de bonté qui lui gagnoit tous les cœurs : *Mes amis,* difoit-il, aux troupes, *fi les cornettes vous manquent, ralliez-vous à mon panache blanc ; vous le trouverez toujours au chemin de l'honneur & de la gloire.*

Schomberg, Général des Allemands, lui avoit demandé le paiement de fes troupes : le Roi qui fe trouvoit fans finances, lui répondit, *Jamais homme de courage n'a demandé de l'argent la veille d'une bataille.* Ce mot trop vif lui revint dans la mémoire, au moment du combat. *Colonel,* dit-il alors au Général, *je vous ai offenfé, cette journée, peut-être la dernière de ma vie : je ne veux point emporter l'honneur d'un Gentilhomme ; je fais votre valeur & votre mérite : je vous prie de me pardonner ; embraffez-moi.* Il eft vrai, répondit Schomberg, *que votre Majefté me bleffa l'autre jour, mais aujourd'hui elle me tue ; car l'honneur qu'Elle me fait, m'oblige de mourir en cette occafion pour fon fervice.* Il fut tué dans ce combat à côté du Roi.

La clémence du Vainqueur releva la gloire de fon triomphe : *Sauvez les François,* s'écrioit-il en pourfuivant les fuyards. Comme il s'étoit beaucoup plus expofé, pendant l'action, qu'il n'avoit dû ; le Maréchal de Biron qui avoit eu beaucoup de part à la victoire, fans s'être trouvé au fort de la mêlée, lui dit : *Sire, vous avez fait aujourd'hui ce que Biron devoit faire, & Biron ce que le Roi devoit faire.*

Il combla de careffes tous les Officiers. Le Maréchal d'Aumont étant venu le foir de cette journée le trouver à Rofni, où il foupoit, dans le deffein de prendre fes ordres, il fut au-devant de lui, dès qu'il l'apperçut, l'embraffa tendrement, & le fit affeoir à fes côtés pendant le repas. *Il eft bien jufte, lui dit-il, que vous foyez du feftin, puifque vous m'avez fi bien fervi le jour de mes nôces.*

Si des plaines d'Ivri, HENRI fe fût auffi-tôt tranfporté devant Paris, il n'auroit pas tardé de s'en rendre le maître : il n'en forma le blocus qu'après s'être emparé de Corbeil, Melun, & d'autres petites Villes. Il eft impoffible d'exprimer toutes les extravagances auxquelles le fanatifme fe porta, pendant ce fiège. Il y eut des décrets, pour déclarer HENRI IV incapable du Trône, & ces décrets ne furent point contredits par des Tribunaux. On vit auffi, pour comble de démence, les Prêtres & les Moines parcourir les rues en proceffion, le moufquet fur l'épaule, le cafque en tête & la cuiraffe fur le dos. Un pareil fpectacle n'étoit que ridicule ; mais les extrêmités auxquelles la famine réduifit la Ville, excitèrent bientôt l'horreur & la pitié ; tout alors fervit de nourriture. On chercha du pain jufques dans les offemens des morts.

Une mifère auffi affreufe, commençoit à rendre les Parifiens plus traitables. Ils offrirent même de fe foumettre, pourvû que le Roi renonçât au Calvinifme. Ce prince étoit prefque fûr du fuccès ; il voulut impofer les conditions : fa lenteur lui fut préjudiciable : elle donna le temps au Duc de Parme, que le Roi d'Efpagne envoyoit, de venir au fecours de Paris. Son arrivée força HENRI de lever le fiège de cette Ville,

Ce n'étoit pas affez que le Royaume fût déchiré par fes propres habitans ; un ennemi étranger s'y introduifit bientôt, après le départ du Duc de Parme. Le Duc de Savoie vouloit envahir le Dauphiné & la Provence. Lefdiguieres mit à couvert le premier de ces pays ; mais la Provence fe rendit au Duc. Le Parlement d'Aix l'en déclara Gouverneur & Lieutenant-Général , *fous la Couronne de France*. Sur ces entrefaites Gregoire XIV excommunie HENRI IV, & fait publier des Lettres monitoriales contre ceux qui feront fidèles à fon parti. Le Roi, de fon côté, renouvella les Edits de pacification en faveur des Proteftans. Il fe porta enfuite vers Paris, du côté de la porte S. Honoré : douze Capitaines , déguifés & chargés d'un fac de farine , devoient , en fe faifant ouvrir la porte, l'embarraffer, & donner le temps d'arriver aux troupes du Roi qui fuivoient. La tentative fut fans fuccès. On appella cette journée, *la Journée des farines.*

Il eft rare que l'union règne long-temps dans des partis que le crime a formés ; les Seize commençoient à fecouer le joug du Duc de Mayenne ; ils firent en fon abfence pendre le Préfident Briffon, & plufieurs perfonnes qui leur étoient devenues fufpectes. A fon retour, quatre d'entre eux furent payés de leur audace, en éprouvant le même fort : il n'en fallut pas davantage pour porter à leur tyrannie le plus grand coup.

HENRI ne fut pas plus heureux en faifant le Siége de Rouen, l'un des boulevards de la Ligue, qu'il ne l'avoit été en formant le Blocus de Paris. Le Duc de Parme, à la tête des Efpagnols, le contraignit encore de lever ce Siége. Peu s'en fallut que le Roi ne perdît la vie près d'Aumale ; il fut bleffé dans une action, où, fuivi de quarante chevaux feulement, il eut la témérité de vouloir luter contre trente mille hommes.

Cependant les affaires prenoient en Provence une meilleure tournure ; le Duc de Savoie venoit d'y perdre toutes fes conquêtes ; Lefdiguières avoit mis en déroute les troupes du Pape ; & la mort, en enlevant le Chevalier d'Aumale, avoit ôté à la Ligue fon premier foutien. Mais les troubles de Paris faifoient tous les jours de nouveaux progrès. « Il y avoit alors deux factions : celle des Seize » confidérablement déchue, vouée aux Efpagnols , irritée contre Mayenne , » vouloit pour Roi le jeune Duc de Guife , qui venoit de s'échapper de la

» prifon où il avoit été mis après le maffacre de fon père. Celle des politiques,
» compofée de Gentilshommes ; de Magiftrats & des meilleurs Bourgeois,
» ne demandoit, pour reconnoître HENRI IV, que de le voir foumis à
» l'Eglife».

Le Duc de Mayenne inclinoit auffi pour la paix ; il engagea les Etats
Généraux qui s'affemblèrent alors, à confentir à des Conférences entre les
Catholiques des deux Partis : ces Conférences commencèrent à Surenne, le
29 Avril 1593 ; & le 25 Juillet fuivant le Roi, follicité par Rofni & les plus
fages d'entre les Huguenots, qui lui difoient que le *Canon* de la Meffe étoit
le meilleur pour réduire les Rébelles, fit fon abjuration dans l'Eglife de S. Denis,
entre les mains de l'Archevêque de Bourges. Cette abjuration qui, malgré la
réfiftance de Rome, acheva de porter le dernier coup à la Ligue, fut fuivie
d'une Trève de trois mois entre les Ligueurs.

Les cris de *vive le Roi*, qu'on entendit alors de tous côtés, prouvèrent
combien la converfion de HENRI lui avoit foumis de cœurs. Il lui reftoit pourtant
encore des ennemis ; ce furent ceux fans doute qui firent concevoir à Pierre
Barrière le deffein de l'affaffiner. Ce projet abominable fut découvert par un
nommé Séraphin Barchi, de l'Ordre des Dominicains. A peu près dans le
même temps parut la Satyre Menippée ; cette Satyre piquante par le ridicule
qu'elle répandit fur la Ligue, ne lui fut peut-être pas moins funefte que toutes
les conquêtes de HENRI IV, tant la plaifanterie a de force fur l'efprit des
François.

La Trève que le Roi venoit de faire avec les Ligueurs étant expirée, les
hoftilités recommencèrent ; cependant on vit les factieux rentrer infenfiblement
dans le devoir. Meaux, Pontoife, Orléans, Bourges, Lyon, ouvrirent bientôt
leurs portés à HENRI, qui fut facré à Chartres le 27 Février 1594. Paris fuivit
leur exemple, le 22 Mars fuivant. Rouen, par l'entremife de Sully, ne tarda
pas à en faire autant. Enfin, toutes les Villes du Royaume s'empreffèrent de
fe ranger fous l'obéiffance du meilleur des Maîtres. Les Efpagnols, qui fe
trouvoient alors dans la Capitale, furent réduits à capituler : on les laiffa fortir
avec les honneurs de la guerre. HENRI IV les regardant défiler par une fenêtre,
adreffa la parole aux Officiers, & leur dit avec un air de bonté : *Meffieurs,*

recommandez-moi à votre Maître ; mais n'y revenez plus. Il reçut aussi les soumissions du Parlement, qui avoit à sa tête Achilles de Harlay, sans lui témoigner le moindre sujet de mécontentement. Enfin, ce fut par la clémence qu'il voulut se venger de ses Sujets rébelles.

Ce Prince signala son entrée dans Paris par un trait d'équité, rempli de grandeur d'ame. Des Sergens ayant arrêté le bagage de la Noue, pour dettes que son père avoit contractées au service de l'État, ce Gentilhomme se plaignit au Roi de cette violence ; HENRI lui répondit publiquement : La Noue, *il faut payer ses dettes, je paye bien les miennes.* L'ayant ensuite pris à part, il lui donna des pierreries à engager, pour le bagage dont les créanciers s'étoient emparés.

Il n'est point de moyens que ce Roi n'essaïa pour ramener à leur devoir les plus opiniâtres des Ligueurs; argent, caresses, il prodigua tout. Sa générosité n'empêcha pas le fils d'un Marchand de Paris d'attenter à la vie de ce Prince. Le coup que Jean Châtel lui porta le frappa à la lèvre & lui rompit une dent. Le parricide reçut deux jours après la punition de son crime. Les dépositions de Jean Châtel précipitèrent la disgrace des Jésuites. Leur bannissement suivit de près sa mort ; mais ils furent rappellés en 1603.

Tels furent les événemens qui se passèrent pendant l'année 1594. L'année suivante, Clément VIII accorda l'absolution à HENRI IV, & la France déclara la guerre à l'Espagne. Dans le combat qui se donna le 5 Juin à Fontaine-Françoise, le Roi ne montra pas moins de valeur que dans les plaines d'Ivri; avec une Cavalerie peu nombreuse, il mit en déroute dix-huit mille hommes que commandoient Ferdinand Velasco & le Duc de Mayenne. Il écrivit à sa sœur après cette journée, où il fut exposé : *Peu s'en faut que vous n'ayez été mon héritière.*

Le Duc de Mayenne, qui ne sçut jamais faire à propos la guerre ni la paix, eut le bonheur de se réconcilier avec son Roi, en 1596. Comblé de caresses quand il vint lui rendre ses hommages, il assura que c'étoit alors seulement que son Souverain l'avoit vaincu. Mayenne étoit extrêmement replet : HENRI IV l'ayant lassé dans une partie de chasse : *Mon cousin,* lui dit-il, en riant, *voilà le seul mal que je vous ferai de ma vie.*

Cette année on pendit à Paris un nommé la Ramée, jeune homme âgé de

23 ans, qui se disant fils de Charles IX, avoit été à Reims en cette qualité pour se faire sacrer Roi. La France fit aussi une Ligue offensive & défensive avec l'Angleterre & la Hollande; & le Roi, obligé de sortir de Paris qui étoit affligé de la peste, se retira à Rouen, où il convoqua une assemblée de Notables, pour subvenir aux besoins de l'Etat; car les malheurs de la guerre les avoient rendus fort urgens. Le discours qu'il leur tint excita les larmes, comme ses succès avoient excité l'admiration.

Les Espagnols, en s'emparant d'Amiens, en 1597, pendant que les habitans assistoient au Sermon, jettèrent dans le Royaume l'épouvante & la consternation. *Allons*, dit Henri IV, en apprenant cette triste nouvelle, *c'est assez faire le Roi de France, il est temps de faire le Roi de Navarre*. En reprenant cette Ville, il s'ouvrit une nouvelle route à la gloire. Le Maréchal de Biron, fils de celui qui s'étoit distingué à la bataille d'Ivri, se montra, dans cette journée, digne de son nom. HENRI, qui ne laissoit jamais échapper l'occasion de dire des choses flatteuses, le fit cette fois de la manière la plus agréable. A son retour d'Amiens, les Echevins de Paris étant venus le complimenter: *Messieurs*, leur dit le Roi, *voilà le Maréchal de Biron que je présente volontiers à mes amis & à mes ennemis*. HENRI ne prévoyoit pas alors que celui qu'il traitoit avec tant d'amitié, seroit bientôt coupable de trahison envers son Maître: mais tel fut le sort de ce Prince, que ses bienfaits firent presque toujours des ingrats. Cette année vit naître une nouvelle conspiration contre ses jours. Le nommé Pierre Outin osa former le projet de l'assassiner.

Le Roi n'étoit pas encore entré en Bretagne: il n'y parut que pour en faire la conquête. Le Duc de Mercœur, un des partisans le plus zélé de la Ligue, se soumit avec elle en 1598. HENRI profita de ce voyage pour donner l'Edit de Nantes; il fut utile aux Protestans; il le fut également au Prince, qui en fit autant de Sujets fidèles. Le traité de Vervins avec Philippe II, Roi d'Espagne, qu'on appelloit le *Démon du Midi*, acheva de rétablir la tranquillité dans le Royaume; ce traité fut très-glorieux pour HENRI, qui ne rendoit rien, & rentroit en possession de toutes les places de son Royaume. Depuis ce moment jusqu'à la mort du Roi, l'Etat fut exempt des guerres civiles & étrangéres, si l'on en excepte pourtant l'expédition de 1600, contre le Duc de Savoie, au fujet du Marquifat de Saluces, qui tourna entièrement à l'avantage de la France. L'année de cette expédition, HENRI vint époufer à Lyon Marie de Médicis. Il avoit l'année précédente, fait déclarer nul fon mariage avec Marguerite de Valois, & vu mourir la belle Gabrielle d'Eftrées.

Il fit en 1602 le renouvellement de l'alliance avec les Suiffes, qui avoit commencé fous Charles VII, & que plufieurs de fes Prédéceffeurs avoient depuis renouvellée de tems en tems. Cette cérémonie fut fuivie d'un repas préparé pour les Députés. HENRI vint les trouver pendant qu'ils étoient à table, & but à la fanté de fes bons compères, amis & alliés. Ceux-ci lui firent raifon fur le champ.

Après avoir foumis fes peuples par les armes, HENRI ne s'occupa plus que du foin de les rendre heureux. Les circonftances dans lefquelles il s'étoit trouvé, le rendoient propre à bien remplir ce projet fi digne de la bonté de fon cœur, & qui devroit être celui de tous les Souverains. Il avoit été malheureux, & jamais la flatterie n'étoit parvenue jufqu'à lui. Mais il lui falloit un Miniftre qui pût feconder fes vues. Il eut le mérite de jetter les yeux fur Sulli fon ancien ami.

Sous ce Miniftre non moins intelligent que défintéreffé, & qui fçut affez aimer fa patrie pour fe faire haïr des Courtifans, HENRI vit bientôt l'Etat parvenir au plus haut degré de fplendeur. Il fut encore affez puiffant pour donner du fecours aux Hollandois, & fe rendre médiateur entre le Pape & les Vénitiens. Sulli trouva non-feulement le moyen d'acquitter en peu de tems les dettes exceffives du Royaume, mais il remplit encore d'épargnes confidérables les coffres de fon maître; & cependant le peuple ne fut point vexé.

Ce fut fur ces épargnes qu'HENRI fit élever de fuperbes édifices. La Galerie du Louvre, le Pont-neuf & le commencement du canal de Briare font fes ouvrages. La profpérité de fes fujets fut également le fien. Il les aimoit au point de dire qu'il vouloit que le moins riche d'entr'eux *eût une poule à mettre le dimanche dans fon pot.* Auroit-on pu penfer qu'il fe trouvât encore un monftre affez abominable pour attenter à la vie d'un fi bon Prince. Il fut tué par Ravaillac le 14 Mai 1610, âgé de 57 ans. En lui commença le règne des Bourbons,

Quelque tems avant de mourir il étoit sur le point de porter la guerre en Allemagne au sujet de la succession de Juliers & de Cleves, que la Maison d'Autriche disputoit à celle de Brandebourg & de Neubourg. On a prétendu qu'en voulant abaisser la Maison Autrichienne, il avoit le dessein de former de quinze dominations de l'Europe un Corps appellé *la République Chrétienne*, qui auroit ses loix, son conseil, ses armées, & dans lequel on maintiendroit l'équilibre en s'unissant contre ceux qui voudroient le rompre. Mais la difficulté d'exécuter un si vaste projet doit le faire regarder comme absolument chimérique.

HENRI IV n'eut point d'enfans de sa première femme. Il en eut six de Marie de Médicis, dont cinq lui survécurent : sçavoir Louis XIII, qui lui succéda ; Anonyme de Bourbon, mort jeune ; Jean Baptiste Gaston, Duc d'Orléans ; Elisabeth, mariée à Philippe IV, Roi d'Espagne ; Christine, mariée à Victor Amédée, Prince de Piémont, depuis Duc de Savoie ; & Henriette Marie femme de Charles I, Roi de la Grande-Bretagne.

Il laissa aussi trois enfans naturels. Gabrielle d'Estrées, Duchesse de Beaufort, lui donna César Duc de Vendôme, le Chevalier de Vendôme, Grand-Prieur de France, & Catherine Henriette, mariée à Charles de Lorraine Duc d'Elbeuf.

Il eut de Henriette de Balsac d'Entragues, Marquise de Verneuil, Henri Duc de Verneuil, & Gabrielle Angélique femme du Duc d'Épernon ; de Jacqueline de Bouillon Comtesse de Morat, Antoine de Bourbon Comte de Morat ; & de Charlotte des Essarts Comtesse de Romorantin, Jeanne Baptiste de Bourbon, Abbesse de Fontevrault ; & Marie Henriette de Bourbon, Abbesse de Chelles.

Jamais Prince ne fut plus digne qu'HENRI IV du surnom de GRAND qu'on lui donna ; « il unit à son extrême franchise la plus droite politique, aux » sentimens les plus élevés une simplicité du moins charmante, & à un courage » de soldat un fond d'humanité inépuisable. Il rencontra ce qui forme & ce » qui déclare les grands Hommes, des obstacles à vaincre, des perils à essuyer, » & sur-tout des adversaires dignes de lui. Enfin il *fut de ses sujets le vainqueur* » *& le père.* »

Hénault,
Abr. Chron.

Aux qualités de l'esprit & du cœur, HENRI réunissoit encore une phisionomie heureuse qui inspiroit en même tems le respect & l'amour. Sa taille étoit médiocre : il avoit le teint vermeil, le front large, les yeux vifs, le nez aquilin & le poil brun : & son tempérament formé par une éducation mâle, étoit devenu des plus robustes. Ses cheveux commencèrent à blanchir dès l'âge de trente-trois ans, parceque, disoit-il, *le vent de ses adversités avoit commencé de bonne heure à souffler contre lui.*

Les plus grandes vertus sont presque toujours accompagnées de quelques défauts. HENRI IV eut les siens. Il poussa beaucoup trop loin sa passion pour le jeu & pour les femmes. Celle des femmes, qu'il auroit peut-être subjuguée sans les excès honteux de Marguerite de Valois, l'emportoit encore sur la première ; mais elle ne le domina jamais au point de lui faire oublier l'honneur & ses devoirs. Il disoit quelquefois *qu'il aimeroit mieux avoir perdu dix maîtresses, qu'un serviteur comme Sulli, qui lui etoit nécessaire pour les choses honorables & utiles.*

Parmi le grand nombre de maîtresses qui partagèrent le cœur de HENRI IV, il préféra la belle Gabrielle d'Estrées, & Mademoiselle d'Entragues qui, joignant la noirceur à l'ingratitude, osa conspirer contre lui. Cette dernière eut l'adresse de faire signer à ce Prince une promesse de mariage. Le Roi ayant montré cette promesse à Sulli pour lui demander conseil, ce Ministre courageux prend le papier, & le déchire pour toute réponse. *Comment morbleu,* s'écrie le Monarque en colère, *je crois que vous êtes fou.* Sulli répond froidement : *Il est vrai, Sire, je suis fou, & je voudrois l'être si fort que je fusse le seul en France.* Une pareille réponse, loin d'entraîner la disgrace de Sulli, lui mérita de nouveaux bienfaits. Il fut peu de jours après nommé Grand-Maître de l'Artillerie.

HENRI avoit encore un défaut qui provenoit de la trop grande vivacité de son esprit : c'étoit de se laisser prévenir contre ceux que la malignité des Courtisans attaquoit. Mais comme il étoit bon & juste, la réflexion le faisoit aisément revenir sur lui-même : s'il exila Sulli, quand il le crut coupable, il s'empressa de le rappeller, quand il eut découvert son innocence. Rien de plus sublime que les paroles qu'il lui adressa, lorsqu'à son retour ce Ministre se précipita à ses genoux. *Relevez-vous,* dit le Prince, en lui donnant la main, *relevez-vous, ils vont croire que je vous pardonne.*

On peut encore reprocher à ce Prince l'introduction *de la Paulette* , forte d'impofition qui perpétua dans les familles , des charges qui devroient être la récompenfe du mérite : ce fut un Secrétaire du Roi , nommé *Paulet* , qui en donna l'idée.

On ne peut pas non plus s'empêcher de trouver extraordinaire , qu'un Roi fi guerrier , & qui avoit des obligations infinies à beaucoup de braves Capitaines , fupprimât la nobleffe acquife par les armes ; il reconnut très - mal les Services Militaires. Louis XV , par fon Edit de la Nobleffe de 1750 , a prouvé le cas qu'il en fait , & éternifé fon Règne , par l'établiffement de l'Ecole Militaire.

C'eft à tort qu'on a reproché à H ENRI d'être trop ménager ; il ne fut qu'économe. La difette d'argent où il s'étoit trouvé , lui apprit à le devenir. *On m'accufe* , difoit-il un jour , *d'être chiche ; je fais trois chofes bien éloignées d'avarice. Je fais la guerre , je fais l'amour , & je bâtis.*

La bonté d'HENRI , ne dégénéroit point en une molle complaifance : un homme de condition lui demandant grace , un jour , pour fon neveu , coupable d'un meurtre : *Je fuis bien marri* , lui dit-il , *de ne pouvoir pas accorder ce que vous me demandez ; il vous fied bien de faire l'oncle , & à moi de faire le Roi : j'excufe votre requéte , excufez mon refus.*

Ce fut fous fon règne que l'on vit naître le commerce en France. Ses difcours & la fimplicité de fes habits , étoient la plus forte cenfure du luxe : en habile politique il eftimoit l'agriculture , & la regardoit avec raifon comme le nerf de l'Etat. Il invitoit les Seigneurs à faire valoir leurs terres par euxmêmes , & à s'y retirer ; leur apprenant , *que le meilleur fonds qu'on puiffe faire , eft le bon menage* , & railloit ceux *qui venoient à la Cour porter leurs moulins & leurs bois fur leur dos.*

Ami des Lettres , qu'il cultivoit toujours , il aimoit auffi ceux qui en faifoient leur occupation , & leur donnoit fouvent des preuves de fa générofité. Mais il difoit , avec Charles IX , *qu'il falloit traiter les Auteurs , comme les excellens chevaux , qu'il faut bien entretenir , mais ne pas trop engraiffer , parcequ'après ils ne pouvoient , ou ne vouloient plus travailler.* Un jour un Poëte , pour fe décharger

de

de la taille à laquelle il étoit impofé, lui préfenta un placet qui contenoit ces quatre vers :

Ce Poëte n'a pas la maille :
Plaife, Sire, à ta Majefté,
Au lieu de le mettre à la taille,
De le mettre à la Charité.

Le Roi lui fit donner une gratification.

HENRI étoit d'un caractère fort enjoué : il aimoit les bons mots, & en trouvoit très-facilement. Etant à la campagne avec plufieurs Seigneurs, il vit une femme qui menoit paître fa vache : « Bonne femme, lui dit le Roi, »vendez-moi votre vache ; combien en voulez-vous ? Monfieur, répondit-»elle, j'en veux tant : c'eft trop cher, dit le Roi ; je n'en veux donner que »tant. Ce n'eft pas affez, reprit-elle ; je vois bien que vous n'êtes pas un bon »marchand de vaches. A quoi le connoiffez-vous, répliqua le Roi ? *Vous »vous trompez, voyez tous ces veaux qui me fuivent.*

Son Jardinier de Fontainebleau, fe plaignant un jour à lui qu'il ne pou-voit rien faire venir dans ce terrein-là : *Mon ami*, lui dit HENRI, *femez-y des Gafcons, ils prennent par-tout.*

Un Préfident du Parlement de Rouen étoit refté court en le haranguant : *Il n'y a rien d'extraordinaire*, dit le Roi ; *les Normands font fujets à manquer de parole.*

Un Député d'une Ville de province s'étant préfenté devant lui pour le complimenter, à l'heure de fon dîner, il commença fa harangue ainfi : *Age-filaüs, Roi de Lacedemone, Sire . . . . Ventre-faint-gris*, lui dit le Roi, en l'inter-rompant, *j'ai bien ouï parler de cet Agefilaüs ; mais il avoit dîné, & je n'ai pas dîné, moi.*

HENRI allant à Amiens, fit beaucoup de chemin en pofte, & fe fatigua. Arrivé dans la Ville, les Habitans vinrent le trouver pour le complimenter. *Roi très-bénin, très-grand & très-clément*, lui dit en commençant celui qui portoit la parole : *Ajoutez*, répondit le Roi, *& très-las. Je vais me repofer, j'e-couterai le refte une autre fois.*

Son Tailleur ayant fait imprimer un livre renfermant des Réglemens fur les affaires de l'Etat, vint un jour le lui préfenter : *Allez*, dit-il à un de fes Pages, *chercher mon Chancelier, pour qu'il me prenne la mefure d'un habit : voici mon Tailleur qui fait des Réglemens.*

Ce Prince s'amufoit quelquefois de Poëfie. On a confervé de lui des vers & un fonnet qu'il fit pour Madame de Montaigu. Ses adieux à la belle Gabrielle font encore plus connus. Voici un autre couplet qu'il fit à table fur la Ducheffe de Sulli ; cette Dame étoit d'une hauteur infupportable.

> Je bois à toi, Sulli,
> Mais j'ai failli ;
> Je devois dire à vous, adorable Ducheffe,
> Pour boire à vos appas,
> Faut mettre chapeau bas.

Le Préfident Fauchet, dont on a un ouvrage fur les Antiquités de la France, étoit allé à Saint-Germain pour faluer le Roi, dont il attendoit une recompenfe ; HENRI lui fit voir dans une niche une figure de pierre, qui reffembloit affez à l'auteur ; *Monfieur le Préfident*, lui dit-il, *j'ai fait mettre là votre effigie pour perpétuelle mémoire.* Fauchet, loin de rire de la plaifanterie, fe vengea par les vers fuivans :

> J'ai trouvé dedans Saint-Germain
> De mes longs travaux le falaire ;
> Le Roi de pierre m'a fait faire,
> Tant il eft courtois & humain.
> S'il pouvoit auffi bien de faim
> Me garantir que mon image ;
> Ah ! que j'aurois fait bon voyage,
> J'y retournerois dès demain.
> Viens Tacite, Sallufte, & toi
> Qui a tant honoré Padoue,
> Venez ici faire la moue,
> En quelque coin, ainfi que moi.

Ces vers ayant été préfentés à HENRI IV, ce Prince donna à Fauchet le titre de fon Hiftoriographe, avec fix cens écus de gages.

HENRI aimoit avec paffion tous les exercices du corps ; il n'y montroit pas moins de force que de graces & d'agilité. La chaffe lui plaifoit fur tout ;

un jour qu'il s'étoit égaré, il pique au premier Village, entre dans la meilleure Hôtellerie, & se met à table d'Hôte avec plusieurs Marchands, sans être reconnu. Après avoir dîné, il mit la conversation sur les affaires d'Etat & sur lui. On parla de sa conversion. Ne parlons point de cela, dit un Marchand de bestiaux ; *la caque sent toujours le hareng.* Un moment après les Seigneurs de la suite du Roi étant venus le trouver, il sortit avec eux ; mais avant de partir, il frappa sur l'épaule du Marchand, & lui dit : *bon homme, la caque sent toujours le hareng, en votre endroit, & non pas au mien ; car vous avez encore du mauvais levain de la Ligue.*

Un autre jour trouvant un paysan qui avoit les cheveux blancs & la barbe noire, il lui en demanda la raison ; *Sire*, lui dit le villageois, *c'est que mes cheveux sont de vingt ans plus vieux que ma barbe.* Cette réponse plaisante fit beaucoup rire le Roi.

Un autre jour encore le Roi s'étant égaré à la chasse dans le Vendômois, rencontra un paysan assis au pied d'un arbre. Que fais-tu là, lui dit H E N R I ? *Ma finte, Monsieur, j'étions là pour voir passer le Roi.* « Si tu veux, ajouta ce » Prince, monter sur la croupe de mon cheval, je te conduirai dans un endroit » où tu le verras tout à ton aise. » Le paysan monte, & chemin faisant demande comment il pourra reconnoître le Roi. « Tu n'auras qu'à regarder celui qui » aura son chapeau, pendant que tous les autres auront la tête nue. » Le Roi joint la chasse, & tous les Seigneurs le saluent. « Eh bien, dit-il, au paysan, » qui est le Roi ? *Ma finte*, répondit le rustre, *il faut que ce soit vous ou moi ;* » *car il n'y a que nous deux qui avons notre chapeau sur la tête.*

Dans ses discours comme dans ses lettres H E N R I avoit une éloquence aussi noble que simple. Rien de plus beau que la harangue qu'il prononça dans une Assemblée des Nobles du Royaume, convoquée à Rouen dans les commencemens de son règne. « Déja, leur dit-il, par la faveur du ciel, par les » conseils des bons serviteurs, & par l'épée de ma brave Noblesse, dont je ne » distingue point mes Princes, la qualité de Gentilhomme étant notre plus » beau titre, j'ai tiré cet État de la servitude & de la ruine. Je veux lui rendre » sa force & sa splendeur ; participez à cette seconde gloire, comme vous avez » eu part à la première. Je ne vous ai point appellés, comme faisoient mes

» Prédéceffeurs, pour vous obliger d'approuver aveuglément mes volontés,
» mais pour recevoir vos confeils, pour les croire, pour les fuivre, pour me
» mettre en tutelle entre vos mains; c'eft une envie qui ne prend guères aux
» Rois, aux victorieux & aux barbes grifes, mais l'amour que je porte à mes
» Sujets, me rend tout poffible & honorable »,

Lorfque ce Prince donnoit fa parole, il ajoutoit : *Foi de Gentilhomme :* il difoit *que les grands hommes étoient toujours les derniers à confeiller la guerre, & les premiers à l'exécuter.*

Un Ambaffadeur Turc qui exagéroit devant HENRI les forces de fon Maître, paroiffoit étonné que ce Prince n'eût qu'une petite armée : *Où règne la juftice,* répond Henri, *la force n'eft guères néceffaire.*

On avoit fait contre Henri une Satyre fanglante, intitulée : L'Ifle des Hermaphrodites : *Je ferois confcience,* dit-il, *de fâcher un homme pour avoir dit la vérité :* fublime conduite qui a trouvé beaucoup d'admirateurs, & peu d'imitateurs.

On difoit à ce Prince de févir contre plufieurs places que la force lui avoit fait enlever fur les Ligueurs : *La fatisfaction que l'on tire de la vengeance,* répondit-il alors, *ne dure qu'un moment ; mais celle que donne la clémence eft éternelle.* Quel modèle pour les Conquérans & les Souverains, qu'un Prince qui ne fçut trouver de plaifir dans la victoire, que parcequ'elle lui fournit les occafions de pardonner !

Franceishini Pinx. Ga. Dagoty Sculp

Stanislas Leckcinski.

STANISLAS,

LE BIENFAISANT.

Stanislas Leszczinski, Roi de Pologne, grand Duc de Lithuanie, Duc de Lorraine & de Bar, naquit à Léopold, le 20 Octobre 1677, de Raphaël Lefzczinski, Palatin de Ruffie, & d'Anne Jablonowska, fille d'un des plus grands hommes qu'ait eu la Pologne.

Il eſt inutile, pour la gloire de ce Prince, de répéter qu'il tiroit ſon origine d'une des plus anciennes & des plus illuſtres Maiſons de ce Royaume ; ſes vertus ſeules, ſans le ſouvenir de celles de ſes Ancêtres, l'auroient élevé ſur le Trône d'une Nation qui compte parmi ſes droits celui de choiſir ſes Souverains.

L'éducation de ce petit nombre d'hommes privilégiés, que le ciel deſtine à commander aux autres, décide preſque toujours de la félicité ou du malheur des peuples qui doivent être ſoumis à leur empire.

Celle de Stanislas n'eut aucun des défauts qu'on reproche trop ſouvent à l'éducation des Grands. On éloigna de lui ce luxe & cette molleſſe dangereuſe, qui, en énervant le corps, font paſſer ſa foibleſſe juſqu'à l'ame. Une vie dure & frugale, des exercices fréquens, lui préparèrent de bonne heure un tempérament robuſte & vigoureux, qui entre pour plus qu'on ne penſe dans la conſtitution d'un Héros. A l'étude de la Religion, de l'Hiſtoire & du Droit Public, il joignit celle des Lettres & des Arts, trop négligée par les Grands, & qui peut ajouter tant d'avantages à ceux que la fortune leur donne déja ſur les autres hommes.

Les voyages de Stanislas achevèrent cette excellente éducation ; il voulut rectifier ou confirmer, ſur le tableau que préſentent les différentes Nations, l'idée que l'Hiſtoire lui avoit donnée de leurs mœurs, de leur génie & de leurs gouvernemens : c'eſt dans cette vue qu'il parcourut l'Allemagne & l'Italie. Après avoir étudié ces États en Philoſophe qui cherche à s'inſtruire, Stanislas retourna dans ſa Patrie, qu'il trouva agitée par ces diviſions inteſtines qui troublèrent ſi long-temps ſon repos.

L'affoibliſſement de la ſanté de Sobieski annonçoit ſa perte prochaine, & la

Pologne se partageoit déja sur le choix de son Successeur. A sa mort, les différens Partis éclatèrent ; les qualités brillantes du Prince de Conti, soutenues par l'éloquence du Cardinal de Polignac, fixèrent les vœux de presque toute la Nation, que le Cardinal Radjouski, Primat du Royaume, lui disputoit en faveur du Prince Jacques Sobieski ; mais Auguste, Électeur de Saxe, écarta bien-tôt ces deux concurrens. Ses largesses, ses qualités aimables, lui gagnèrent la moitié des Polonois ; la présence d'une armée, moyen trop souvent employé dans les gouvernemens électifs, força les autres au silence. Auguste, monté sur le Trône, sentit bien qu'il ne pourroit contenir le Parti opposé à son élection, que par les mêmes moyens qui lui avoient assuré la Couronne. Mais il falloit un motif pour retenir les troupes Saxonnes en Pologne : la conquête de la Livonie lui en fournit un. Cette Province révoltée contre le Roi de Suède, son Souverain, étoit prête de se donner à quiconque voudroit la soustraire à sa domination. Auguste crut pouvoir l'entreprendre ; ligué avec l'Empereur de Russie, ce Pierre Alexiowitz, dont le génie créateur avoit changé la face de sa Nation, & pouvoit changer celle de l'Europe, il forma le projet d'enlever la Livonie à Charles XII, qui venoit de monter sur le Trône de son Père.

Ce jeune Prince, qui à dix-huit ans ne connoissoit d'autre passion que la gloire, plus grand peut-être qu'Alexandre, dont il n'eut ni les vices ni la fortune, vit sans effroi tout le Nord s'ébranler contre lui. Envain son Conseil voulut lui persuader de conjurer l'orage en demandant la paix. « J'ai résolu, » dit-il, de ne jamais faire une guerre injuste ; mais de n'en finir une légitime » que par la perte de mes ennemis ; ma résolution est prise ; j'irai attaquer le » premier qui se déclarera, & quand je l'aurai vaincu, j'espère faire quelque » peur aux autres».

Le Roi de Dannemarck fut le premier qui ressentit l'effet de cette menace. Il étoit entré dans le Holstein, dont il vouloit dépouiller le Duc, beau-frère & allié de Charles XII. Ce Prince, à la tête de son armée, passe dans l'Isle de Séeland, met le siége devant Copenhague, abandonnée par la flotte Danoise, & force, par cette diversion, son ennemi à demander la paix, en restituant au Duc les conquêtes qu'il avoit faites sur lui.

Après cette expédition, il vola au secours de Narva, assiégée par les Russes.

Envain le Czar ſe flatta de l'écraſer par le nombre de ſes troupes. Charles, à la tête de huit mille Suédois, tous animés de ſon eſprit, força cent mille Moſcovites dans un camp retranché, les diſperſa, & leur fit trente mille priſonniers, événement qu'on auroit peine à croire, ſi l'on ne ſavoit l'avantage prodigieux que donne à une armée la diſcipline & la confiance inſpirée par une première Victoire.

Des ſuccès auſſi rapides, reſſerrèrent les liens qui uniſſoient le Czar & le Roi de Pologne. Ils ſe virent à Birſen, petite ville de Lithuanie, & conclurent au milieu des fêtes & des plaiſirs, un traité qui devoit leur aſſurer la conquête de la Suède, & pouvoit préparer des fers à une partie de l'Europe.

Charles qui en fut inſtruit les prévint ; il alla chercher en Livonie les troupes d'Auguſte : les deux armées ſe rencontrèrent ſur les bords de la Duna : les Suédois commandés par leur Roi, paſſent la rivière à la nage, chargent les troupes Saxonnes, les mettent en fuite, & entrent en triomphe dans Birſen.

Ce fut dans cette ville où, quelques mois auparavant, Auguſte & le Czar avoient juré la perte de Charles, qu'il forma le deſſein de détrôner le Roi de Pologne. Ce Prince, accoutumé dans ſes États héréditaires au pouvoir deſpotique, s'étoit perſuadé trop aiſément qu'il pourroit gouverner ſes nouveaux Sujets comme les Saxons. Il s'apperçut bien-tôt qu'on n'en impoſe pas long-temps à une Nation libre ſur ſes véritables intérêts, & qu'elle ſait tôt ou tard les diſtinguer de ceux du Maître qu'elle s'eſt donné. Les Polonois murmuroient hautement contre une guerre dont la République ne retiroit aucun fruit. Radjouski, qui n'avoit pas renoncé au projet d'élever Sobieski ſur le Trône, animoit contre Auguſte le Parti qui s'étoit oppoſé à ſon élection. Les Sapieha, les Lubomirski, le jeune LESZCZINSKI, devenu Palatin de Poſnanie, attachés au Roi de Suède, le regardoient moins comme l'ennemi de la Nation, que comme celui d'un Prince qui n'en avoit pas aſſez reſpecté les droits.

Dans cette ſituation, Auguſte, obligé de ſe défendre également contre ſes Sujets & contre le Roi de Suède, demanda une armée à la République. On convoqua une diète générale, dont les Seſſions ſe paſsèrent en intrigues & en factions. Elle ſe diſſipa ſans rien faire, & laiſſa toute ſon autorité entre les mains du Sénat.

Ce Corps réfolut d'envoyer une Ambaffade à Charles XII : il la reçut auprès de Groduo , & fe contenta de dire aux Ambaffadeurs, qu'il leur rendroit réponfe à Varfovie, en annonçant qu'il ne donneroit la paix à la Pologne, que lorfqu'elle auroit fait choix d'un nouveau Roi. Il ne reftoit de reffource à Augufte, que dans le fuccès incertain d'une bataille : il la rifqua dans les plaines de Cliffau ; mais la fortune de Charles l'emporta encore. L'armée Polonoife difperfée, fuyoit devant le Vainqueur, qui ne ceffoit de la pourfuivre. Les Villes lui ouvrirent leurs portes ; celles qui osèrent réfifter furent punies par de fortes contributions de leur témérité. Le Cardinal de Radjouski crut le Parti d'Augufte abfolument ruiné. Il leva enfin le mafque , & fe rendit à la tête de trois mille foldats à Varfovie ; là, il fit déclarer par l'Affemblée Augufte incapable de régner. A peine la Seffion étoit-elle finie, qu'un Courier du Roi de Suède apporta l'ordre d'élire pour Roi, le Prince Jacques, fils du grand Sobieski ; mais dans le même temps Augufte , qui connoiffoit l'amour des Polonois pour ce jeune Prince , venoit de le faire enlever en Sibérie, où il s'étoit retiré. Charles, qui ne vouloit conquérir des Royaumes que pour les donner, offrit envain la Couronne à Alexandre Sobieski, qui s'en montra digne en refufant conftamment de profiter du malheur de fon frère aîné.

Parmi les Palatins que l'Affemblée de Varfovie avoit député vers le Roi de Suède, ce Prince remarqua Stanislas ; fa phyfionomie noble & heureufe, fa modération, fa fageffe le frappèrent ; il prolongea exprès la conférence pour le mieux connoître. Il apprit que ce jeune homme, dont il admiroit l'éloquence douce & perfuafive, étoit en même temps plein de bravoure ; endurci à la fatigue, fobre, tempérant, adoré de fes vaffaux. Un caractère qui avoit tant de reffemblance avec le fien, ne pouvoit manquer de lui plaire. « Voilà, dit-il, » en le montrant à deux de fes Généraux, le Roi qu'auront les Polonois ».

La réfolution étoit prife, & Stanislas ne le favoit pas encore. Peut-être étoit-il le feul qui ignorât les droits que fes grandes qualités lui donnoient à la Couronne. Le Primat effrayé d'un choix qui ne s'accordoit pas avec fes vues ambitieufes, fit ce qu'il put pour en détourner Charles XII. « Mais qu'avez-vous à » alléguer contre Stanislas, lui dit ce Prince?—Il eft trop jeune:—il eft à peu près » de mon âge », répliqua féchement le Roi. Il envoya en même temps fignifier à l'Aſſemblée de Varſovie, qu'il falloit élire dans cinq jours STANISLAS, Roi de Pologne.

Il ſe rendit lui-même à l'aſſemblée, pour jouir en ſecret de ſa gloire; à neuf heures du ſoir l'Évêque de Poſnanie, qui y préſidoit à la place du Primat, proclama, au nom de la Diète, STANISLAS, Roi de Pologne. Charles, caché dans la foule des Partiſans de ce Prince, fut le premier à crier *vivat* : leurs acclamations réitérées étouffèrent les cris des oppoſans.

C'eſt ainſi que STANISLAS obtint la Couronne de Pologne, avant d'avoir ſongé qu'il pouvoit y prétendre. Ce rang, ſi ſouvent l'écueil des grands Hommes, ne changea rien à ſon caractère : il conſerva toujours ſur le Trône les vertus qui l'y avoient élevé.

Il y étoit à peine monté qu'un événement imprévu penſa l'en faire deſcendre, & le mettre entre les mains de ſon rival. Retenu à Varſovie par quelques affaires, pendant que Charles XII étoit allé faire le ſiége de Léopold, il n'avoit avec lui que ſix mille Polonois & quinze cents Suédois : Auguſte paroît tout à coup aux portes de cette Ville, à la tête d'une armée de vingt mille hommes. STANISLAS n'eut que le temps d'en ſortir pour aller rejoindre le Roi de Suéde, pendant que ſa famille, ſous l'eſcorte des ſix mille Polonois, fuyoit en Poſnanie. Dans le déſordre qui accompagne toujours une retraite précipitée, la ſeconde fille du Roi fut égarée par ſa Nourrice : on retrouva dans une écurie cette Princeſſe qui mérita depuis par ſes vertus de partager le Trône d'un des premiers Monarques de l'Univers.

Ce ſuccès paſſager, loin de rétablir les affaires d'Auguſte, ne fit qu'irriter contre lui ſon vainqueur. Les deux Rois réunis le pourſuivirent ſans relâche. Schullembourg, un des plus habiles Généraux de ſon temps, à qui il avoit donné le commandement de ſon armée, ne la ſauva que par une de ces retraites ſavantes qui font ſouvent plus d'honneur que des victoires.

Elle ouvrit à STANISLAS le chemin de ſa Capitale. Il ne s'y occupa plus que de ſon Sacre, traverſé par les intrigues de Radjouski, & par la politique de la Cour de Rome. Il ſe fit tranquillement à Varſovie où STANISLAS LESZCZINSKY & CATHERINE OPALINSKA ſon épouſe furent ſacrés Roi & Reine de Pologne par l'Evêque de Poſnanie le 4 Octobre 1705 : le Roi de Suéde aſſiſta *incognito* à cette cérémonie, comme à l'élection. C'étoit le seul fruit qu'il voulût retirer de ses victoires.

Cependant l'Electeur de Saxe, soutenu par cent mille Moscovites que le Czar avoit envoyés à son secours, n'avoit point encore perdu l'espérance de ranimer son parti. Il fit de nouveaux efforts; mais le courage & l'activité de Charles & de STANISLAS les rendirent inutiles. Les Moscovites accoutumés à fuir devant les Suédois, furent battus dans toutes les rencontres. Schullembourg vit son armée dispersée sans presque rendre de combat. Auguste fut enfin obligé de demander la paix. Charles inflexible ne la lui accorda qu'aux conditions les plus dures; il l'obligea de renoncer pour toujours au Trône de Pologne, de reconnoître STANISLAS pour légitime Roi, & de lui remettre toutes les pierreries de la Couronne.

Telles furent les principales conditions de ce fameux Traité d'Altranztad, qui sembloit devoir affermir pour toujours STANISLAS sur le Trône. Ce Prince accompagné de Renchild & de seize Regimens Suédois, chassa de la Pologne le Czar qui y étoit rentré pour s'opposer à l'exécution de ce Traité : il se fit reconnoître par la plus grande partie du Royaume, & les Polonois se flattoient enfin de voir succéder le calme de la paix aux horreurs d'une guerre longue & cruelle.

De nouveaux événemens la rallumèrent. Charles XII emporté par la passion des conquêtes, avoit formé le projet de détrôner le Czar : une première victoire qu'il remporta auprès de Berezine lui fit rejetter les propositions de son ennemi. Il s'enfonça à la tête de ses troupes victorieuses dans l'Ukraine, Pays dévasté par les Russes, & vint mettre le siége devant Pultawa; c'est là que se donna cette bataille décisive entre les deux Princes les plus dignes de fixer les regards de l'Europe. L'armée du Roi de Suède affoiblie par les fatigues & la disette, fut presqu'entièrement détruite, & ce Prince fugitif devant un ennemi qu'il avoit trop méprisé, se vit obligé d'aller presque seul chercher une retraite en Turquie.

La fortune de STANISLAS changea avec celle de Charles XII. Auguste n'attendoit, pour rompre un Traité qu'il avoit souscrit par nécessité, que l'occasion de le violer impunément. Il rentra en Pologne à la tête d'une armée de Saxons. STANISLAS ne pouvant défendre ses propres Etats, voulut au moins couvrir ceux de son Allié ; il se retira en Poméranie , & secourut cette Province contre les Saxons , les Danois & les Moscovites réunis : il fit des prodiges de valeur à Stetin , à Stralsund , à Rostroch & à Gustrow ; mais accablé par des troupes supérieures, auxquelles il ne pouvoit opposer qu'un courage inutile, gémissant des malheurs qui désoloient sa Patrie, il voulut enfin lui donner la paix par une abdication volontaire.

Il s'étoit flatté de faire approuver au Roi de Suède cette résolution devenue nécessaire. Les malheurs de ce Prince n'avoient rien diminué de son inflexibilité naturelle. Il ne voulut jamais consentir à laisser remonter sur le Trône Auguste qu'il avoit forcé d'en descendre : » Si mon ami ne veut plus » être Roi, répondit-il , j'en ferai un autre «.

STANISLAS prit enfin le parti d'aller lui-même le persuader. Il quitta la Poméranie & parvint , sous le nom d'un Officier François , jusqu'aux Frontières de Turquie ; mais il fut reconnu à Yassi , & conduit prisonnier auprès de Bender, où l'opiniâtreté de Charles avoit pensé lui coûter la vie , & lui avoit fait perdre la liberté.

On la rendit bien-tôt à STANISLAS. Il partit au mois de Mai 1724, avec le Comte Poniatowski , & après avoir essuyé les plus cruelles fatigues , il arriva dans le Duché des Deux-Ponts que Charles lui avoit donné pour sa retraite.

Echappé à mille dangers, ce PRINCE trouva dans le sein de sa famille réunie, cette félicité pure qu'on goûte rarement sur le Trône. L'étude des Sciences & des Lettres, les exercices d'une piété solide & éclairée , remplissoient des momens qu'il ne pouvoit plus consacrer au bonheur de ses Sujets. C'est ainsi qu'il se consoloit de la perte d'une Couronne qu'il n'avoit jamais briguée , lorsqu'un nouveau malheur vint encore troubler son repos. Charles XII prêt à conclure un Traité, dont la première condition étoit le rétablissement de son Allié , fut tué au siége de Fredericsall , & sa mort en privant STANISLAS d'un ami puissant, le força de quitter un azyle qu'il devoit à sa générosité.

Le Duc d'Orléans Régent, instruit de sa situation , lui fit offrir une retraite dans le Royaume. Il choisit Weissembourg , Ville de l'Alsace, où il transporta sa famille & sa Cour. Auguste qui ne cessoit de le poursuivre, chargea M. Sulm son Ministre en France, de se plaindre de la protection qu'on accordoit à ce

Prince infortuné. » Mandez à votre Maître, lui dit le Régent, que la France » a toujours été l'azyle des Rois malheureux «.

C'eft dans ce nouvel azyle que fut conclu le mariage entre la Princeffe Marie Lefzczinska fa fille & le Roi de France. Cet événement qui fit oublier à Stanislas tous fes malheurs, & qu'il regarda toujours comme le plus glorieux de fa vie, fembloit devoir lui affurer enfin une vie plus tranquille & moins agitée. Il vint avec la Reine fon époufe habiter le Château de Chambord, où les bienfaits du Roi fon gendre le mirent en état de foutenir avec éclat la Majefté Royale.

Il y vivoit en Philofophe couronné au milieu d'une Cour peu nombreufe, mais choifie, & de quelques fujets fidèles, que fes vertus avoient attachés à fa fortune, lorfqu'un nouvel événement ranima leurs efpérances, & lui ouvrit encore une fois le chemin du Trône.

Augufte venoit de mourir : le Prince Royal fon fils prétendoit fuccéder à la Couronne de Pologne comme aux Etats héréditaires de fon père. Les vœux de prefque toute la Nation appelloient Stanislas. Plus de cent mille Polonois l'élurent une feconde fois pour leur Roi; mais fa préfence étoit néceffaire pour foutenir des droits qu'Augufte III n'étoit pas difpofé à reconnoître. Pendant qu'on équipoit à Breft une Efcadre que toute l'Europe croyoit deftinée à le tranfporter en Pologne, il partit déguifé en Marchand avec un feul Officier, traverfa une partie de l'Allemagne fans être reconnu, & arriva enfin à Dantzic avant qu'on foupçonnât qu'il eût quitté la France.

Il alla defcendre au Palais du Marquis de Monti, Ambaffadeur du Roi auprès de la République, & tandis que fes Sujets fe plaignoient de ce que la France retenoit trop long-temps leur Maître, il parut tout-à-coup habillé à la Polonoife, & alla au milieu des acclamations de toute la ville rendre grace à Dieu de fon Election.

Quelques Palatins gagnés par les libéralités d'Augufte, avoient réfolu de s'y oppofer par la force des armes, & s'étoient retirés de l'autre côté de Varfovie: on lui confeilloit de difperfer ces rebelles ou de les ramener au vœu général : » Je ne veux, répondit-il, ni m'affurer la Couronne aux dépens de la vie de mes » Sujets,

» Sujets, ni me mettre dans le cas de me reprocher d'avoir marqué mon
» avenement au Trône par l'effuſion de leur ſang ».

Tant de générofité, tant de douceur auroit dû défarmer les oppofans, & lui
foumettre tous les cœurs ; mais ces mêmes Palatins que ſa bonté épargnoit,
concertèrent une nouvelle élection : le grand nombre qui avoit choiſi STANISLAS,
céda bien-tôt au petit nombre qui lui étoit contraire. Une armée de trente mille
Ruſſes fit difparoître en un moment tout ce qui s'étoit aſſemblé pour le défendre, Voir. Siècle de Louis XIV,
» & ce PRINCE affiégé dans Dantzic, dont les habitans lui étoient reſtés fidèles,
» vit mettre ſa tête à prix dans ſa patrie, dans ſes Etats, au milieu d'une Nation
» libre qui venoit de le choiſir ſuivant les Loix ».

Dantzic, ville à jamais mémorable par ſa fidélité, ſoutint, pour défendre
celui qu'elle avoit élu pour la protéger, un ſiège des plus longs & des plus
meurtriers. Le Comte de Plelo, Ambaſſadeur de France en Dannemarck,
tenta en vain d'y pénétrer à la tête de quinze cens hommes. Ce jeune Héros,
que ſes vertus, ſes qualités aimables & ſon courage rendoient digne d'un ſort plus
heureux, périt ſur les glacis de la ville, avec la douleur de n'avoir pu y jetter
du ſecours.

Dans ces mêmes circonſtances, une flotte Moſcovite, compofée de vingt-
ſept vaiſſeaux de guerre, vint couper toute communication du côté de la mer :
le Duc de Weiſſemfels, avec dix mille Saxons, ſe joignit au Comte de Munich,
Général des Ruſſes. Leurs troupes réunies reſſerrèrent la ville de plus près ;
l'artillerie des aſſiégeans foudroyoit les remparts & les maifons. Dantzic
n'étoit bien-tôt plus qu'un monceau de ruines ; mais ces ruines étoient
défendues par des Sujets fidèles, dont le zèle & l'attachement pour leur Maître
faiſoient autant de Héros.

STANISLAS ne voulut pas prolonger plus long-temps les malheurs d'une Ville
qui ſembloit n'en rédouter d'autre que celui de le perdre. Il avoit déja renoncé
une fois à la Couronne pour donner la paix à la Pologne : il fit plus ; il ne craignit
point d'expofer ſa vie aux plus grands dangers pour épargner le ſang de tant de
braves Citoyens, qui le prodiguoient avec joie pour un Maître ſi digne de leur
amour. C'eſt dans cette vue qu'il députa au Sénat le Prince Czartorinski & le
Comte Poniatowski, pour annoncer à ce Corps & aux Habitans qu'il les tenoit

quittes des fermens qu'ils lui avoient faits, & qu'il leur ordonnoit de ne s'occuper plus que de leur propre sûreté.

La perte d'un père tendre & juftement chéri, ne jette pas dans fa Famille une confternation plus vive que celle que répandit dans le Sénat le difcours du Comte Poniatowski. Hiinniiber, un des Centumvirs, vivement frappé de l'idée des périls qui menaçoient STANISLAS, l'interrompit en s'écriant : » Eh ! Monfieur, que deviendra donc notre bon Roi «. Il n'eut que la force de prononcer ces paroles, & alla tomber expirant fur les genoux de Poniatowski.

Cependant le Marquis de Monti avoit tout préparé pour l'évafion du Roi. Ce Prince, au milieu des allarmes & des inquiétudes de ceux qui l'environnoient, ne perdit rien de cette préfence d'efprit, & de cette gaieté qui faifoient difparoître à fes yeux les plus grands dangers. Il prit en riant les habits de Payfan qui devoient le déguifer dans fa fuite. « Vous avez oublié le plus effentiel, dit-il » au Marquis de Monti ; vous ne me donnez pas mon Cordon Bleu «. Il embraffa tendrement ce Miniftre, & partit au milieu de la nuit avec le Général Steinflict guidé par trois Payfans, chargés de le conduire par de-là la Viftule & le Nogat. Il faut voir dans la Relation même qu'il a faite de cette évafion, le tableau des fatigues incroyables, des dangers de toute efpèce auxquels il fut expofé, & dont l'idée feule effrayeroit le plus hardi voyageur. Enfin, après avoir échappé par une efpèce de miracle continuel à la recherche des Ruffes & des Cofaques envoyés à fa pourfuite, il arriva à Marienwerder, Ville des Etats de Pruffe, où fes guides avoient promis de le conduire.

STANISLAS féjourna quelque temps dans cette Ville & à Konisberg, d'où il revint en France, lorfque la paix conclue le 31 Octobre 1735 entre ce Royaume, l'Empire, l'Efpagne & la Sardaigne, le mit en poffeffion paifible des Duchés de Lorraine & de Bar.

C'eft à cette époque que commence, fi l'on peut s'exprimer ainfi, l'Hiftoire de la vie privée de ce PRINCE. Tranquille après tant d'orages, n'ayant plus rien à redouter de l'inconftance de la fortune dont il avoit été tour à tour le jouet & le favori, il put enfin fatisfaire la feule paffion à laquelle fa grande ame fut fenfible, celle de faire des heureux.

La ſageſſe & la douceur de ſon Gouvernement conſola bien-tôt les Lorrains de la perte du Prince auquel il ſuccédoit, & dont les vertus avoient mérité leurs regrets. Uniquement occupé du bonheur de ſes nouveaux Sujets, il avoit renoncé au droit de lever ſur eux des impoſitions, en ne ſe réſervant pour l'entretien de ſa Maiſon, qu'une penſion de deux millions. C'eſt avec cette ſomme modique, aux yeux de la cupidité, qu'il entreprit & exécuta tant d'établiſſemens utiles. Une ſage économie, jointe au deſir conſtant de faire du bien, paſſion ſi féconde en reſſources, ſembloit avoir triplé ſes revenus.

Le goût qu'il avoit toujours eu pour les Arts, en multiplia les monumens dans ſes États: Nancy, Lunéville, Commercy, furent embellies par des places & des édifices également deſtinés à la décoration & à l'utilité publique. Les Artiſtes naiſſoient en foule autour d'un Prince qui ſavoit ſi bien les employer. Ses récompenſes alloient au-devant des grands talens, en tout genre; il encourageoit même avec bonté ceux qui ne donnoient encore que des eſpérances, & ſavoit leur inſpirer cette confiance modeſte, ſi néceſſaire pour s'élever au-deſſus de la médiocrité.

Un Peintre de Lunéville vint lui préſenter un jour un tableau qu'il croyoit digne des regards de ſon Maître. Les Seigneurs de ſa Cour le critiquèrent, peut-être avec juſtice, mais ſans ménagement. Ce Prince, plus connoiſſeur qu'aucun d'eux, raſſura par ſes éloges l'Artiſte, que les Critiques avoient déconcerté. « Ne voyez-vous pas, dit-il à ſes Courtiſans, que cet homme a beſoin » de ſon talent pour ſoutenir ſa famille; ſi vous le découragez, il eſt perdu. Il » faut toujours aider les hommes, & jamais on ne gagne rien à leur nuire ».

Les dépenſes qu'il faiſoit pour le progrès des Arts, ne lui firent point négliger des objets d'adminiſtration plus intéreſſans & plus utiles. Il ſavoit à combien de maux eſt expoſée cette partie du peuple, qui ne ſubſiſte que d'un travail pénible & peu fructueux. La miſère qui multiplie pour elle les maladies, en écarte ſouvent les ſecours. La charité de STANISLAS lui en fit trouver dans les Hôpitaux qu'il établit dans preſque toutes les villes de ſes États. Il inſtitua des Apoti-caireries où les pauvres recevoient gratuitement des remèdes: il fonda auſſi pour eux douze lits dans l'Hôpital de Plombières, afin qu'ils puſſent en tout temps profiter, comme les gens aiſés, des eaux ſalutaires de cette Ville.

Ses vues bienfaifantes fe portoient également fur tout ce qui peut intéreffer l'humanité. L'animofité que les procès excitent entre les plaideurs, la ruine de leur fortune qui n'en eft que trop fouvent la fuite, exigeoient des précautions capables de prévenir au moins une partie de ces maux qu'entraînent après elles les conteftations trop fréquentes. C'eft dans cette vue qu'il créa une Chambre des Confultations, compofée de cinq Avocats deftinés à aider gratuitement de leurs confeils tous ceux qui y auroient recours. Il défendit en même temps aux Cours fupérieures d'admettre aucun appel, à moins qu'il ne fût autorifé par une Confultation de cette Chambre.

Les bornes de cet Ouvrage ne permettent pas de rappeller en détail toutes les fondations utiles, que fa bienfaifance ingénieufe a multipliées dans fes États. Ces Écoles gratuites, ces fonds deftinés à foutenir le commerce, ceux employés à former des magafins pour prévenir la difette ; chaque année de fon règne étoit marquée par un nouveau bienfait, & lui acquéroit de nouveaux droits fur la reconnoiffance de fes peuples.

Parmi ces établiffemens de tout genre, il devoit s'en trouver un pour les Lettres, fous un Prince qui les avoit cultivées lui-même avec tant de fuccès. Il les croyoit trop néceffaires au bonheur des hommes, pour ne pas contribuer de tout fon pouvoir à leurs progrès. Il erigea à Nancy, le 28 Septembre 1750, une Académie, dont il dreffa lui-même les Statuts, & nomma les premiers Membres. L'ouverture de fes affemblées fe fit par un difcours, dans lequel M. le Cardinal de Choifeul, Directeur de l'Académie, expofa avec une éloquence fimple & naturelle, la reconnoiffance & l'amour dont tous fes Membres étoient pénétrés. STANISLAS y répondit par ces paroles, qu'on a confervées comme un monument de fa fenfibilité. « Vous m'ouvrez le cœur, Monfieur, » mais vous me fermez la bouche ».

Montefquieu, qui avoit connu STANISLAS à Lunéville, fut un des premiers à briguer une place dans fon Académie. Ce Prince, fait pour juger & pour admirer ce grand homme, fentit tout le prix d'une pareille acquifition. Il lui écrivit lui-même, pour le remercier, une lettre auffi honorable pour lui, que pour le Philofophe qui la recevoit.

Cet établiffement n'eft pas le feul fervice que STANISLAS ait rendu à la
Littérature

Littérature & à la Philoſophie. Elles lui doivent pluſieurs ouvrages, qui ſeuls auroient ſuffi pour immortaliſer ſon nom. Entre ces différens Traités qu'on a tous recueillis ſous le titre d'*Œuvres du Philoſophe Bienfaiſant*, la poſtérité diſtinguera ſur-tout, les *Obſervations ſur la Pologne*, ouvrage dicté par l'amour de la Religion & de la Patrie, dans lequel on voit avec admiration un Souverain uniquement occupé d'aſſurer le bonheur de l'État & les droits des Citoyens. On trouve auſſi dans ce Recueil une réfutation du fameux Diſcours de J. J. Rouſſeau, couronné à l'Académie de Dijon. Perſonne n'étoit plus fait que STANISLAS pour croire & pour démontrer que les Sciences & les Lettres contribuent à rendre les hommes plus ſages & plus heureux : il en trouvoit tout à la fois la preuve dans ſon cœur & dans ſes ouvrages.

Les honneurs littéraires qu'il avoit ſi bien mérités, vinrent le chercher ſur le Trône. En 1753, les Arcades de Rome le choiſirent pour un de leurs Membres, & placerent ſon Portrait dans la Salle de l'Académie, où il fut repréſenté la Couronne de laurier ſur la tête, & l'olive à la main.

Quel que fut le terme d'une vie qu'il avoit entièrement conſacrée au bonheur de l'humanité, elle devoit toujours paroître trop courte. Un ſentiment naturel feroit deſirer à tous les hommes que ces Princes, dont les vertus retracent ſur la terre l'image d'un Dieu bienfaiſant, partageaſſent ſon immortalité. La mort de STANISLAS, âgé de 89 ans, parut prématurée à ſes peuples, & l'accident cruel qui termina ſes jours, augmenta encore les regrets de ſa perte.

Le 5 Février 1766, ce Prince ſe penchant ſur ſa cheminée, pour voir l'heure à une pendule, ſe laiſſa tomber; le feu prit à ſa robe-de-chambre, & ſe communiqua rapidement à ſes autres vêtemens. Malheureuſement il étoit ſeul dans cet inſtant, & lorſqu'on vint à ſon ſecours, la flamme avoit déja fait de grands progrès. Après l'avoir dépouillé avec beaucoup de peine de ſes habits, on lui trouva le côté gauche brûlé, depuis le genou juſqu'à l'œil. A peine cette nouvelle fut-elle ſçue dans la Ville, qu'elle y répandit la plus profonde conſternation; toute ſa Cour étoit livrée aux allarmes & aux inquiétudes les plus vives. Lui ſeul paroiſſoit tranquille au milieu des douleurs cruelles qu'il devoit éprouver. L'art des Médecins ſembla répondre pendant quelques jours aux vœux de ſes peuples; mais STANISLAS ne ſe flatta jamais ſur ſon état. Après s'être préparé à la mort, avec cette fermeté qui l'avoit soutenu dans tous les malheurs dont sa vie avoit été traversée, il expira le 23 Février 1766, sur les quatre heures après midi.

Sa tendresse pour ses peuples, qu'il gouvernoit moins en Maître qu'en Père, lui ont fait donner le surnom de BIENFAISANT, titre plus cher à l'humanité & plus glorieux aux yeux de la philosophie, que ces noms fastueux de Grand & de Conquérant, que la flatterie prodigue à l'orgueil, & qui ne sont que trop souvent achetés par les malheurs des Peuples.

STANISLAS avoit eu de Catherine Opalinska, son épouse, deux Princesses ; l'aînée mourut à Weissembourg ; la seconde, devenue Reine de France, est morte à Versailles, le 24 Juin 1768, & a mérité les regrets d'une Nation dont elle avoit partagé l'amour avec son auguste Époux.

Hicobten pinsit   Gaut. Duarty Sculpsit

FRANÇOIS DE CHEVERT

M. DE CHEVERT.

Stemmata quid faciunt ?
Juv. Sat. 8.

Fʀᴀɴçᴏɪs ᴅᴇ Cʜᴇᴠᴇʀᴛ, né à Verdun-fur-Meuze le 21 Février 1695, embraffa dès l'enfance le parti des armes. Sa naiffance pouvoit lui oppofer des obftacles ; mais il fut entraîné par un génie plus puiffant que les obftacles : il conçut le noble orgueil de réparer l'injuftice de la fortune, en fe créant un nom qu'elle lui avoit refufé, & s'applaudit peut-être de ne rien devoir qu'à lui-même.

On ne fçait pas encore quel fut fon premier grade. Ceux qui s'intéreffent à fa gloire voudroient qu'il eût été d'abord fimple Soldat. C'eft de ce rang honorable, où les talens reftent trop fouvent enfevelis, qu'il devoit s'élever jufqu'au grade de Lieutenant-Général. Les dignités dont il fut revêtu dans fa longue carrière, paroîtroient à peine proportionnées à fon mérite, fi fes commencemens euffent été moins obfcurs ; mais il eft prouvé qu'à l'âge de onze ans & fept mois, M. ᴅᴇ Cʜᴇᴠᴇʀᴛ obtint une Lieutenance dans le Régiment de Carné : feroit-il vraifemblable qu'il eût franchi, fi jeune, un fi grand intervalle ? Il a mérité qu'on en doutât.

En 1711 il paffa dans le Régiment de Béarn, Infanterie, en la même qualité de Lieutenant, & parvint en 1739 à celle de Lieutenant-Colonel du même Corps. Une étude profonde de la tactique, un amour extrême de fes devoirs, un defir ardent de fe diftinguer ; tels furent les protecteurs qui veillèrent à fon avancement. Il abandonna l'intrigue & la foupleffe à ceux dont les actions font muettes, & n'attacha de gloire aux poftes qu'il obtint, qu'autant qu'ils lui étoient dûs.

La difcipline fut l'objet de fes foins ; il la rétablit, & fit régner l'ordre & la fubordination. Le Corps dont il étoit l'ame, apprit fous fes ordres l'art de manœuvrer avec tant d'agilité, de nobleffe & de précifion, qu'il devint le modèle de tous les autres. La réforme fut générale, & l'on prévit dès-lors que M. ᴅᴇ Cʜᴇᴠᴇʀᴛ pourroit commander un jour tout ce que fon exemple invitoit à faire.

La guerre qui se déclara peu de temps après, le fit mieux connoître encore; on n'avoit découvert en lui qu'un Militaire habile, exact & studieux. Le Héros se tenoit caché, ignorant peut-être lui-même combien la présence de l'Ennemi enflammeroit son courage.

L'Electeur de Bavière, protégé par notre auguste Souverain, pénétra dans la Bohême à la tête de ses troupes, de celles de France & de Saxe : il entreprit le siège de Prague au mois de Novembre 1741 : tout sembloit s'opposer au succès. Une armée de trente mille hommes, aux ordres du Grand Duc de Toscane, voloit au secours de cette Ville : elle n'en étoit plus éloignée que de cinq lieues; il falloit la prévenir. La disette des vivres étoit extrême, la saison rigoureuse, & Prague étoit défendu par une garnison aguerrie : mais le Comte de Saxe conduisoit le siège, & M. DE CHEVERT étoit dans son armée. Quoiqu'il ne fût encore que Lieutenant-Colonel du Régiment de Béarn, c'est à lui seul que le Héros Saxon confia ses projets : ce choix honore l'un & l'autre, & prouve que les génies ont mutuellement le don de se deviner; semblables à ces Divinités d'Homère, qui se reconnoissent dans les combats, sous quelques formes qu'elles soient cachées.

Le Comte de Saxe ordonne qu'au milieu de la nuit la Ville soit attaquée de deux côtés. Le bruit affreux de l'artillerie, & la clarté qu'elle répand, fixent l'attention de l'Ennemi : il partage ses forces, & les porte aux endroits menacés. Alors M. DE CHEVERT, en silence, & loin des deux attaques, fait préparer une seule échelle vers les remparts de la Ville neuve : l'échelle est trop courte; on l'allonge avec des civières; il monte le premier, s'élance dans la Ville, & est suivi d'une foule d'Officiers & de Soldats : en un instant tout plie & prend la fuite; la garnison met bas les armes & se rend prisonnière. A la valeur succède la clémence; le sang est épargné; & dans ce mêlange de tant de Nations, au sein d'une Ville opulente, la présence d'un Chef met un frein à l'avarice & à la férocité du Soldat.

Cette conquête, due à la valeur de M. DE CHEVERT, lui mérita le Brevet de Lieutenant de Roi de Prague. Il y maintint l'ordre & la discipline tant que cette Ville demeura au pouvoir des François. Bientôt elle fut assiégée par les Autrichiens, qui ne pouvant la reprendre, se contentèrent de la bloquer.

Le Maréchal de Belleisle fut contraint d'en sortir à la tête de l'armée Françoise, & s'immortalisa par cette retraite hardie, qu'un Ennemi, bien supérieur en nombre, & l'hiver le plus rude, ne purent même retarder.

Il laissa dans Prague M. DE CHEVERT avec 1800 hommes. Il ne s'agissoit plus de conserver cette Ville, pressée de se rendre par sa foiblesse, par la famine & par une armée nombreuse, mais moins redoutable au dehors, que par ses intelligences avec les habitans. Le point important étoit d'en sortir à des conditions honorables : M. DE CHEVERT osa seul l'espérer. *Il prend des* *ótages de la Ville, les enferme dans sa propre maison, & met dans les caves des* *tonneaux de poudre, résolu de se faire sauter avec eux si les bourgeois veulent lui* *faire violence.* Le Prince Lobkowitz, qui le tenoit assiégé, sentit qu'il ne pouvoit refuser les honneurs de la guerre à un homme qui la faisoit avec tant d'intrépidité ; il lui accorda même deux canons aux armes de l'Empereur. Essai sur l'Histoire gé-nérale.

Après ces exploits, il fut fait Brigadier d'Infanterie, & passa en Italie, où son courage éprouva de plus grands dangers. Le Prince de Conti y faisoit alors avec succès une guerre des montagnes contre le Souverain des Alpes. C'est dans ces défilés, dont l'ennemi se rend maître en occupant les hauteurs, que la bravoure, la force & le nombre sont souvent inutiles. Cent hommes bien postés y peuvent arrêter une armée. Il faut à chaque pas reconnoître le pays, forcer des retranchemens, gravir contre des rochers, se défendre d'un ennemi qui vous foudroie, & se garantir de précipices capables d'épouvanter le plus hardi voyageur.

Ces périls, loin d'ébranler le courage de M. DE CHEVERT, l'irritent & l'enflamment. Il commande l'avant-garde de la division du Bailli de Givri : déja le poste de la Gardette, occupé par trois mille Piémontois, est emporté. Il les poursuit, les attaque & les défait encore ; mais il faut se rendre maître d'un passage où l'armée puisse défiler : ces deux victoires n'en ont encore assuré que les avenues. L'ennemi s'est retiré sur un roc escarpé, où l'art & la nature veillent de concert à sa défense : le Roi de Sardaigne croit ce dernier retranchement inabordable ; il se met à la tête de ses troupes, les anime, & ne craint point d'y recevoir un affront. Les François n'ont pas un seul canon avec eux ; & le Bailli de Givri apprenant qu'un autre passage vient d'être forcé, fait battre la retraite. Mais le brave C H E V E R T a communiqué à ſes Soldats le feu qui l'embrâſe. La ſatisfaction d'être deux fois vainqueurs, les dangers les plus affreux, rien ne peut les arrêter ; ils volent ſur les pas de leur Chef, qui franchit les premiers retranchemens : *les Grenadiers s'élancent les uns ſur les autres ; & ce qui eſt à peine croyable, ils paſſent par les embraȝures mêmes du canon ennemi, dans l'inſtant que les pièces ayant tiré, reculoient par leur mouvement ordinaire.* On y perdit près de deux mille hommes ; mais il n'échappa aucun Piémontois.

Hiſtoire de la guerre de 1741.

Les Eſpagnols, témoins de tant d'audace, avouèrent qu'il étoit impoſſible de mieux faire. Le Prince de Conti, qui n'oublioit de parler que de lui-même dans les relations qu'il faiſoit au Roi de ſes victoires, lui mandoit : *la bravoure & la préſence d'eſprit de M. D E C H E V E R T ont principalement décidé de l'avantage.*

On lui devoit les mêmes éloges lors de la victoire complette que l'armée combinée de France & d'Eſpagne remporta ſur celle du Roi de Sardaigne aux bords du Tanaro. Peu de jours après il s'empare de la ville d'Aſti, défend celle de Moncalvo, ſi facile à prendre, y ſoutient trois aſſauts, & force les ennemis de ſe retirer.

Les bornes de cet ouvrage ne permettent pas d'entrer dans le détail de tant d'actions éclatantes : c'eſt à regret qu'on ſupprime tout ce que ſa prudence & ſon activité mirent en uſage pour s'emparer, à la vûe d'une flotte Angloiſe, des Iſles de Sainte-Marguerite, où il fit priſonniers près de ſix cens hommes, & ne perdit que cinq ſoldats.

Tant de ſervices l'élevèrent enfin au grade de Lieutenant-Général. Son génie, toujours ſupérieur à ſes emplois, alloit développer ſes talens ſur un plus vaſte théâtre, lorſque la paix fut rendue à l'Europe. Les loiſirs de ce Héros furent encore utiles à ſa Patrie : il commanda les camps formés par les ordres du Roi ſous Sarrelouis & à Richemont ſur la Mozelle. Ces écoles de l'art militaire attirèrent un grand nombre d'Officiers étrangers & françois : ce n'étoit point le ſpectacle d'une armée, mais la préſence du Chef qui fixoit tous les regards ; on venoit épier le ſecret de vaincre, & l'on contemploit avec étonnement, à la ſuite de cet homme né dans l'obſcurité, les rejettons de la plus illuſtre Nobleſſe. Que de périls il avoit bravés pour acquérir le droit d'apprendre au jeune Dugueſclin à mériter ſon nom !

A ces

A ces images de la guerre fuccédèrent trop tôt de vrais combats. L'inquiétude naturelle des Anglois leur fit rompre une paix dont on commençoit à peine à goûter les douceurs. Ils envahirent quelques arpens de terre limitrophes de l'Acadie & du Canada. A leurs ufurpations ils joignirent le meurtre & les rapines. L'objet de cette rupture, qui ne feroit entre des particuliers que la matière d'un léger procès, devint entre deux Nations rivales le prétexte d'une guerre fanglante. Nos troupes entrèrent dans l'Electorat d'Hanovre ; le Maréchal d'Eftrées y fignala nos premières armes par la victoire d'Haftembeck.

M. DE CHEVERT, dont l'ardeur, comme l'expérience, fembloit croître avec les années, fut chargé de chaffer l'ennemi des fommités d'une montagne couverte de bois. C'eft en y pénétrant qu'il fixa fur le Marquis de Brehant des regards enflammés, & que le faififfant par la main : *Jurez-moi*, lui dit-il, *foi de Chevalier, que vous & votre Régiment, vous vous ferez tuer jufqu'au dernier, plutôt que de reculer.* Jamais ferment ne fut moins néceffaire, & plus religieufement obfervé. Au moment de l'attaque, les Officiers du même Corps le firent prier de prendre fa cuiraffe ; mais leur montrant les Grenadiers : *Et ces braves gens en ont-ils ?* L'action fut très-vive, & le feu continuel des Brigades qu'il commandoit épuifa leurs munitions. On lui apprend qu'on manque de poudre : *Nous avons des Bayonnettes.* Des François qu'un Chef anime ainfi font fûrs de la victoire.

M. DE CHEVERT favoit infpirer au Soldat cette noble confiance qui l'empêche de voir le danger. Dans une occafion où il s'agiffoit de s'emparer d'un Fort, il appelle un Grenadier, dont il connoiffoit la bravoure : *Vas droit à ce Fort*, lui dit-il, *fans t'arréter. On te dira qui va-là, tu ne répondras rien. On te le dira encore, tu avanceras toujours fans rien répondre ; à la troifième fois on tirera fur toi ; on te manquera ; tu fondras fur la Garde, & je fuis là pour te foutenir.* Le Grenadier partit à l'inftant, & tout arriva comme M. DE CHEVERT l'avoit prévu.

Le fuccès de la bataille de Lutzelberg fut en grande partie l'Ouvrage de M. DE CHEVERT. Son fort étoit toujours d'être chargé de la première attaque ; il commençoit la défaite de l'ennemi, & rarement avoit befoin de fecours lorfqu'il falloit l'achever. Sa conduite à Lutzelberg mit le comble à fa gloire : on en jugera par les témoignages d'eftime & de bienveillance qu'il reçut d'un

Monarque à cette occafion. Le Roi de Pologne lui écrivit une lettre pleine
d'éloge, lui fit préfent de fon portrait dans une boëte d'or enrichie de diamans,
& le nomma Chevalier de l'Ordre de l'Aigle Blanc, qui lui fut conféré par
le Comte de Luzace.

Telles furent les principales actions de M. DE CHEVERT : on eft forcé
d'en omettre beaucoup, qui, fans avoir le même éclat, fuffiroient pour illuftrer
un autre Guerrier. On confacre les dernières lignes de cet ouvrage à peindre
des vertus dont il fe faifoit plus d'honneur que de fes victoires. S'il n'eft que
trop de Héros fameux par la gloire des armes, qu'il eft rare d'en trouver, qui,
dans une auffi longue carrière, n'aient eu rien à fe reprocher ! M. DE CHEVERT
eft du petit nombre de ceux qui n'eurent jamais à rougir. Il fut moins fenfible
à fes fuccès, qu'à l'eftime dont il a joui jufqu'à fa mort. Il étoit jufte, humain,
fenfible & bienfaifant. L'amitié lui étoit néceffaire ; elle le confoloit dans fes
peines, & le trouvoit fidèle dans fes profpérités ; il obligeoit avec empreffement,
& ne payoit point d'un refus de longues follicitations nourries d'efpérances ;
heureux d'être utile dans fa retraite, & de former des hommes capables de le
remplacer, il raffembloit à fa table des Militaires de tous les âges, & leur
partageoit les tréfors de fon expérience. *C'étoit*, dit l'Auteur de fon Eloge,
un père qui s'honoroit de la gloire de fes enfans.

Sa taille étoit avantageufe & bien prife ; l'air martial qui le rendoit fi
terrible dans les combats, fe mêloit, dans fa vie privée, aux traits & aux
caractères de la bonté. Sa bravoure alloit prefque jufqu'à l'audace, & fon
impétuofité ne fouffroit point d'obftacles. Elevé loin des Cours, & formé
dans les Camps, il joignoit aux talens d'un Général, la droiture & la franchife
d'un Chevalier François, & les vertus d'un citoyen. Il idolâtroit fa Patrie &
fon Prince. Il ne fe rappelloit jamais, fans en être attendri, ce que Sa Majefté
eut la bonté de lui dire, après une longue maladie qui avoit retardé fon départ
pour l'armée : *Je voudrois vous donner des aîles.* Ce mot feul lui auroit fait
facrifier cent fois fa vie : heureux le Prince qui trouve des Sujets fi fenfibles à l'éloge !
La mémoire de ce Guerrier fera toujours chère aux compagnons de fa gloire,
refpectable aux jeunes Militaires, & précieufe à tous les François. Il termina
fa carrière le 24 Janvier 1769, dans la foixante-quatorzième année de fon âge,

A fa mort il étoit Lieutenant-Général des armées du Roi, Commandeur, Grand-Croix de l'Ordre de S. Louis, Chevalier de l'Aigle Blanc de Pologne, Gouverneur de Givet & de Charlemont.

***

Les Lettres dont on a cru devoir joindre ici la copie, font les titres de Noblesse de M. DE CHEVERT : il en est peu de plus honorables.

Extrait de la Lettre écrite par l'Empereur au Maréchal de Belle-Isle.

« Je fuis très-fensible à l'attention qu'a eue le Brigadier Chevert de demander
» les deux pièces de canon ; vous me ferez plaifir de l'en remercier de ma part,
» & de lui dire que je ferai charmé de lui en marquer ma fatisfaction ; vous
» favez que j'ai toujours beaucoup estimé cet Officier, qui s'eft diftingué dans
» toutes les occafions, & particulièrement à la prife de Prague ; ce qui m'avoit
» engagé à le nommer mon Lieutenant dans cette ville : il s'eft comporté dans
» fes fonctions avec tant de fermeté, de prudence & d'efprit, de conciliation
» & de juftice, qu'il s'eft attiré la confiance de mes Sujets. J'attends que vous
» foyez ici pour voir ce qui lui fera le plus de plaifir, & fur ce je prie
» Dieu, &c. »

Signé, CHARLES.

A Francfort, le 28 *Janvier* 1743.

***

Lettre du Roi de Pologne à M. DE CHEVERT.

« Monfieur le Lieutenant-Général de Chevert, mon fils le Comte de
» Luface ne m'a point laiffé ignorer la part que vous avez eue au gain de la
» bataille de Lutzelberg, ni les attentions que vous avez eues pour lui dans
» toutes les occafions, & fur-tout à cette journée, en lui procurant l'honneur

» de contribuer, à la tête d'un corps de mon infanterie, à la gloire des armes
» du Roi Trés-Chrétien. Cette heureufe nouvelle eft la plus confolante que
» je puiffe recevoir. Je fais combien on doit dans cette circonftance à votre
» expérience, à votre valeur & à la fupériorité de tous vos talens militaires.
» Je n'ai pas voulu différer à vous faire cette lettre, & d'y joindre une marque
» de mon eftime & de ma bienveillance la plus particulière. Sur ce je prie Dieu,
» M. le Lieutenant-Général de Chevert, qu'il vous ait en fa fainte garde.

Signé, AUGUSTE, Roi.

A Warfovie, le 12 Novembre 1758.

C. Dagoty del.   PH. CL. A. DE THUBIERES, COMTE DE CAYLUS   ei Sculp.

LE COMTE DE CAYLUS.

Anne-Claude-Philippe de Thubières , de Grimoard, de Pestels, de Lévy, Comte de Caylus, Marquis de Sternay, Baron de Branfac, Confeiller d'honneur-né au Parlement de Touloufe , Honoraire des Académies Royales des Infcriptions & Belles-Lettres, de Peinture & Sculpture, & des Sociétés d'Auxerre & de Gottingue, naquit à Paris le 31 Octobre 1692. Il étoit l'aîné des deux enfans de Jean-Anne , Comte de Caylus, Menin du Grand-Dauphin, mort Lieutenant Général des Armées du Roi , & de Marthe - Marguerite-Hippolyte le Valois, Marquife de Villette.

Il eft rare que l'éloge d'un Homme de lettres commence par des titres de Nobleffe. Le Comte de Caylus étoit deftiné à réunir ces deux genres de gloire, & à les augmenter l'un par l'autre. Il a mérité qu'on n'oubliât pas que fes ayeux étoient illuftres dès le douzième fiècle, & que par fa mère il defcendoit de ce fameux d'Aubigné, qui fut l'ami & l'hiftorien de Henri IV.

Le Comte & la Comteffe de Caylus fe partagèrent l'éducation de leur fils. Le Guerrier, toujours occupé des armes, le formoit aux exercices du corps, tandis que la Comteffe veilloit fur fon efprit & fur fon cœur : cette fonction délicate ne pouvoit être mieux remplie. La Comteffe de Caylus, nièce de Madame de Maintenon, & l'une des premières élèves de S. Cyr, s'étoit fait admirer dans cette maifon , par un efprit également agréable & folide. A quatorze ans elle jouoit tous les rôles d'Efther, & les jouoit au gré de Racine. Ce fut pour elle qu'il en compofa le Prologue ; & pour faire connoître cette Dame par un dernier trait, c'eft elle qui nous a laiffé, fous le titre de *Souvenirs*, des Anecdotes fur la Cour , dont un grand Poëte vient d'être l'éditeur.

Tels furent les premiers Maîtres du Comte de Caylus. Il n'avoit que douze ans lorfque fon père mourut à Bruxelles , au mois de Novembre 1704. Ses études finies, le jeune Comte fut placé dans les Moufquetaires ; & dès fa première campagne, en 1709, fa valeur lui mérita les éloges de fon Roi. Louis XIV le loua devant toute fa Cour, & joignit à cette récompenfe un guidon de Gendarmerie. Bien-tôt on lui donna le grade de Meftre-de-Camp ; il fe diftingua en Catalogne, à la tête d'un Régiment de Dragons de fon nom.

C'étoit en 1711. Deux ans après il fervit fous le Maréchal de Villars , & fe trouva au fiège de Fribourg. L'attaque du chemin couvert fut très-meurtrière, & le Comte de Caylus y courut les plus grands dangers.

La paix de Radftadt, fruit de cette expédition, fut pour lui le terme d'une carrière déja fi brillante. Sa vivacité qui redoutoit l'inaction, le porta bien-tôt à voyager en Italie. Il parcouroit les côtes de Sicile , lorfqu'il apprit que l'Ifle de Malthe fe préparoit à une défenfe vigoureufe contre les Turcs, qui fembloient la menacer. Les Chevaliers fe rendoient à Malthe de toute part ; le jeune Comte voulut partager leur gloire ; il offrit fon épée au Grand-Maître ; mais l'on fçut bien-tôt que Venife étoit l'objet de l'armement de la Porte.

Le Comte DE CAYLUS revint à Paris, après une année d'abfence ; fon voyage d'Italie avoit éclairé fon goût, & cette école des Beaux Arts lui avoit appris qu'il étoit né pour eux. Dès ce moment il renonça au fervice, & chercha l'occafion de paffer dans le Levant, pour connoître les monumens de l'antiquité. Cette occafion fe préfenta au bout de huit mois : il partit en 1716, avec le Marquis de Bonnac, nommé Ambaffadeur à Conftantinople.

Un délai de quelques jours les retint à Smyrne ; il en profita pour vifiter Éphèfe & les ruines de ce Temple fameux confacré à Diane. Des brigands commandés par un Chef redoutable, infeftoient alors toute la Natolie , & deux d'entre eux étoient venus à Smyrne, où la juftice n'ofoit les punir. Le Comte DE CAYLUS étoit jeune, & fa curiofité tenoit de la paffion ; c'en fut affez pour faire difparoître tout danger à fes yeux. Sur le champ il fe préfenta aux deux voleurs, & leur propofa de le conduire à Éphèfe, fous la promeffe d'une récompenfe qu'ils toucheroient lorfqu'ils l'auroient ramené. Les offres furent acceptées ; le Comte fe dépouilla de tout ce qui pouvoit tenter l'avarice, & vêtu d'une fimple toile , il marchoit avec fon interprête au milieu de fes guides, que l'intérêt avoit rendus fidèles. On les conduifit devant Caracayali ; c'étoit le chef de la troupe. Le brigand inftruit de leur motif, ne voulut paroître qu'un amateur zélé, & après avoir indiqué aux voyageurs d'autres ruines dignes d'être connues, il leur donna pour faire la route deux chevaux Arabes, qui les tranfportèrent prefque en un moment fur le lieu de l'obfervation. Le Comte DE CAYLUS rentra vers la nuit dans le fort qui fervoit de retraite à Caracayali ;

& le lendemain, après avoir examiné les ruines d'Éphèse, il retourna à Smyrne, où son courage & son bonheur servirent quelque temps de nouvelles.

Arrivé à Constantinople, il resta deux mois dans cette capitale, quoique la Cour Ottomane n'y fît pas alors son séjour. La guerre de Hongrie retenoit le Sultan à Andrinople, ville située à quarante lieues de la première, & sous un ciel plus serein. Lorsque le COMTE y alla, cet air pur étoit devenu contagieux; la peste désoloit tout le pays; mais le voyageur échappa encore à ce danger; il passa le détroit des Dardanelles, pour considérer les *champs où fut Troye.* Quelques chênes tortueux & desséchés furent tout ce qu'il découvrit dans ces campagnes, où la Muse d'Homère avoit semé tant de fleurs. Le dessein du Comte DE CAYLUS étoit de parcourir tout le Levant, & de pénétrer même jusqu'à la Chine; mais sa mère le rappelloit sans cesse. La tendresse du fils retint la curiosité de l'antiquaire; il rentra dans le port de Marseille, le 27 Février 1717. Depuis, il n'a quitté la France que pour aller deux fois à Londres.

La Comtesse de Caylus mourut en 1729, âgée de cinquante-sept ans. Son fils devenu libre, n'en fut pas moins sédentaire; mais son repos étoit une activité continuelle. Il se livra presqu'en même-temps à tous les Arts. La Musique, le Dessin, la Gravure sur-tout, remplissoient les momens qu'il ne donnoit pas à la société; & ces momens valoient les journées d'un autre. Peu de Graveurs ont laissé un œuvre aussi étendu que le sien.

Il écrivit aussi, mais comme sa mère, quelquefois par souvenir, toujours sans prétention; & si quelqu'un est devenu Auteur sans le vouloir, c'est le Comte DE CAYLUS. Un des premiers essais qui lui échappa * fut dans ce style dont Vadé a sçu faire un genre; productions plus grotesques que ridicules, qu'on a comparées aux bambochades de Teniers, & qui peuvent amuser quand on les lit sérieusement, & qu'on ne les juge pas de même. Le succès de ces bagatelles fit l'excuse de l'Auteur, si toutefois le Comte DE CAYLUS en avoit besoin, après le peu de valeur qu'il y attachoit.

Il jetta encore dans le public des Contes Orientaux, * des Féeries, jusqu'à des Romans de Chevalerie, en un mot des Contes sous toutes les formes connues; car les Contes Moraux n'étoient pas encore nés. Quelques-unes de ces Brochures se sont formées dans des soupers dont les convives avoient fait

* Les Etrennes de la S. Jean, & les Œufs de Pâques.

* Voyez la France Littéraire.

leurs preuves dans la Littérature. On y voyoit le Chevalier d'Orléans, des Membres illuftres de l'Académie Françoife, & ce Poëte fur-tout * qui a créé le comique touchant, après avoir excellé dans une parade. Le Comte au milieu de *ces Meffieurs* (c'étoit le nom qu'ils avoient pris) étincelloit d'une gaieté toujours égale; prefque toujours auffi il tenoit la plume, & ce que devroient remarquer ceux qui traitent les Savans d'animaux fauvages, c'étoit le grave Freret qui le fecondoit fouvent dans la rédaction de ces plaifanteries devenues des Livres.

* La Chauffée.

Il ne manquoit au Comte DE CAYLUS que d'avoir fait des vers; il en fit auffi, mais fans *les montrer aux gens*, du moins fous fon nom. La *Fauffe prévention*, Comédie en trois actes & en vers libres, jouée en 1750, étoit en partie du Comte DE CAYLUS, qui la donna comme l'ouvrage d'un homme de Lettres de fes amis. Cette Pièce deftinée d'abord pour la Scène Françoife, eut plufieurs repréfentations à la Comédie Italienne.

A juger le Comte DE CAYLUS au milieu de ces occupations, on n'eût jamais penfé qu'il ne devoit finir fa carrière qu'après avoir compofé fept volumes d'Antiquités, & plus de cinquante morceaux particuliers, prefque tous fur des matières fçavantes. Mais il aimoit les Arts autant qu'il recherchoit les plaifirs; & quand le choix lui parut néceffaire entre ces deux penchans, ce fut fans peine qu'il fe décida pour le plus utile. En 1731 il avoit été reçu dans l'Académie Royale de Peinture & de Sculpture. Celle des Infcriptions & Belles-Lettres fe l'affocia de même en 1742. C'étoit avec le titre d'honoraire qu'il entroit dans ces deux Compagnies; il en remplit tous les devoirs en fimple Académicien.

Lorfque l'Académie de Peinture forma le deffein d'écrire la vie de ceux de fes Membres, qui, depuis Lebrun, ont eu la place de premier Peintre du Roi, le Comte DE CAYLUS s'empreffa de concourir à cette entreprife, & d'en partager l'exécution. Telle eft l'origine de fes éloges de Mignard & de Le Moyne, que l'Académie a fait imprimer en 1752. Quelque temps auparavant il avoit compofé une vie de Wateau, & depuis il a confacré une éloge pareil à la mémoire de Bouchardon, cet Artifte immortel dont il fut quelquefois le bienfaiteur, & toujours l'ami.

L'inftruction des Elèves & la perfection de l'art furent encore le but de cet Ouvrage, où le Comte DE CAYLUS a recueilli les fujets de tableaux que peuvent

offrir

offrir les anciens Poëmes. Ce fut un trait de Bouchardon qui le confirma dans l'opinion où il étoit, qu'Homère pouvoit devenir claffique, même pour la Peinture. Bouchardon lifoit l'Iliade devant lui. C'étoit dans une traduction fort ancienne & très-mauvaife; mais le génie du Poëte parloit encore affez pour être entendu de l'Artifte. Bientôt il quitte le Livre, & les yeux pleins de feu, il dit au Comte : *Quand j'ai lu cet Auteur, les hommes ont quinze pieds, & la Nature s'est accru pour moi.* Le Comte faifit cette expreffion du génie, & quelques années 1757. après on vit paroître des *Tableaux tirés de l'Iliade & de l'Odiffée*, auxquels il joignit les fujets que Virgile put lui fournir, quoique ce Poëte, plus élégant que fublime, lui parût moins propre à enflammer le Peintre. Un femblable 1758. travail qu'il fit fur l'*Hifloire d'Hercule*, offrit encore plus de cent fujets, dont douze feulement avoient été rendus par le pinceau.

Tandis qu'il éclairoit les Arts par des écrits, il excitoit par des bienfaits l'émulation des Artiftes. C'eft le Comte DE CAYLUS qui a fondé le prix d'*Expreffion* que l'Académie Royale diftribue tous les ans à fes Elèves. Il eut auffi le projet d'en fonder un fecond pour l'Anatomie & pour la Perfpective, dont il ne ceffa d'encourager l'étude par des récompenfes.

La place qu'il rempliffoit dans l'Académie des Belles-Lettres ne fut pas moins utile, & à la Compagnie, & au Public. D'anciens Fabliaux qu'il trouva dans la Bibliothèque du Roi, & fur-tout dans celle de S. Germain-des-Prez, lui fournirent l'idée d'un Mémoire fur ce genre de conte, dont nous avons donné le modèle à l'Italie : il conféra même d'âge en âge tous les textes de nos Auteurs François, & fut en état d'indiquer les fecours que ces anciens Fabliaux ont donné à Rabelais, à la Fontaine, à Molière lui-même, dont le *Médecin malgré lui* fe retrouve en entier, pour le fond, dans le *Vilain Mire*, ou le Payfan Médecin. Mais ces difcuffions littéraires n'étoient, pour ainfi dire, que les délaffemens du Comte DE CAYLUS.

Toujours occupé du progrès des Arts, fon principal objet fut de réunir les lumières que les anciens nous ont laiffées fur leurs procédés les plus effentiels dans cette partie. L'Architecture, l'Art de peindre, la Sculpture, la Gravure, firent fucceffivement l'objet de fes Mémoires ; & comme l'hiftoire des Artiftes eft liée néceffairement à celle des Arts, il fit connoître les hommes célèbres dont les Auteurs nous ont tranfmis les noms; travail difficile, & d'autant plus précieux, que les anciens ne fe font point affujétis fur tous ces objets à des définitions précifes.

L'Hiftoire Naturelle de Pline fut prefque toujours le guide du Comte DE CAYLUS. Quelques lignes de ce Livre, regardées jufqu'à lui comme une énigme, lui donnèrent l'idée de faire revivre après onze cents ans, la peinture encauftique. Le fecret de cette peinture confiftoit en partie à coucher avec le pinceau des cires liquéfiées au feu. Le Comte DE CAYLUS, après avoir fixé en Artifte le vrai fens du paffage de Pline, recourut à la Chymie pour vérifier fes conjectures. Un médecin de la Faculté de Paris *, fit avec lui une fuite d'expériences que le COMTE ne ceffa que lorfque fes doutes furent devenus des décifions. Le 12 Novembre 1754, il expofa dans la féance publique de l'Académie des Belles-Lettres, un tableau peint fur bois par M. Vien, fuivant le procédé indiqué par Pline. C'étoit la copie d'un bufte antique de Minerve.

*M. Majault.

Peu avant cette découverte, l'Académie avoit reçu du Comte DE CAYLUS une preuve durable de fon amour pour les Arts. Jufqu'en 1754 cette Compagnie n'avoit eu qu'un prix à offrir, & le COMTE voyoit à regret qu'il en manquoit un pour étendre la connoiffance du *Coftume*, trop fouvent oublié par le génie. Il s'empreffa de réparer cette omiffion; mais il voulut que l'objet de ce prix fût confacré entièrement aux ufages des anciens Peuples, à leurs Arts, enfin aux monumens de toute efpèce dont l'explication peut répandre quelque jour fur ces matières. Une autre loi de la fondation, fut que la Pièce couronnée feroit bonne, & que le vainqueur n'auroit pas le feul mérite d'avoir combattu moins mal que fes rivaux.

Les procédés de la Peinture encauftique ne font pas la feule découverte dûe au Comte DE CAYLUS. Toujours fecondé par la Chymie, il trouva en 1759 la manière d'incorporer la couleur dans le marbre, & d'en fixer le trait. On attribuoit ce fecret aux Anciens, & ce fut ce qui engagea le Comte DE CAYLUS à le rechercher. Prefqu'en même-temps il découvrit dans la lave des volcans une efpèce de verre * meconnu par les Naturaliftes. Enfin, c'eft le Comte DE CAYLUS qui a appris à la France qu'elle receloit dans le Bourbonnois des marbres auffi beaux que ceux des Pyrénées; & ce qui achève l'éloge de la

* Lapis obfi- dianus.

découverte , c'eft que l'inventeur n'étoit plus lorfque les papiers publics l'on célébrée *.

* Gazette de France 1769.

Un autre genre de découvertes dont il s'occupoit auffi, & qui a fait naître une grande partie de fes Mémoires, ce fut le rétabliffement de quelques anciens monumens, dont il refte des traces fouvent mal indiquées dans des Auteurs qui, pour la plûpart, n'étoient point Artiftes. Le Comte DE CAYLUS avoit un coup d'œil fûr pour cette forte de travail ; & cherchant quelquefois jufques fur les médailles des acceffoires oubliés dans les defcriptions, il eft parvenu à retracer, par la gravure, des ouvrages long-temps perdus pour nos yeux. Il a fait connoître de cette manière le bouclier d'Héfiode, celui d'Enée, le bucher d'Epheftion, le tombeau de Maufole, & ce théâtre fameux, le chef-d'œuvre de la Méchanique ancienne , où le Quefteur Curion faifoit tourner fur un pivot tout le peuple Romain, pour changer fes fpectacles & fes plaifirs.

Toutes ces occupations ne rempliffoient pas encore la vie du Comte DE CAYLUS. Il raffembloit lui-même avec le plus grand foin les antiquités qui guidoient fon travail. Depuis les dieux jufqu'aux reptiles, tout ce qui étoit antique trouvoit place dans le cabinet qu'il avoit formé. Mais il aimoit de préférence ce qui lui venoit de l'ancienne Egypte : l'entrée de fa maifon, confacrée à cette mère des Arts, étoit ouverte par une ftatue Egyptienne. Des médaillons & des curiofités de la Chine couvroient l'efcalier ; & cet ordre n'étoit point l'effet du caprice. Le Comte DE CAYLUS regardoit la Chine comme une colonie de l'ancienne Egypte ; il s'étoit même empreffé de prouver, par des monumens, ces rapports que M. de Guignes n'avoit d'abord que foupçonnés.

* Eloge du Comte de Caylus, par M. Le Beau.

Etre Antiquaire, & ne l'être que pour foi, ce feroit reffembler à ce Fleurifte qui écrafa un oignon de Jacinte du plus grand prix, pour rendre unique celui qu'il poffédoit. Le Comte DE CAYLUS étoit bien loin de cette manie de propriété exclufive. L'entrée de fon cabinet s'ouvroit à tous les curieux ; on eût dit qu'il le régiffoit en leur nom. Lorfque l'efpace lui manquoit , il envoyoit fa collection au dépôt des antiques du Roi : elle s'eft ainfi renou-vellée deux fois pendant fa vie. Les vafes Etrufques qu'on voit à l'Abbaye de Sainte Geneviève, viennent encore du Comte DE CAYLUS.

Il fit plus : pour partager en quelque forte avec l'Univers les tréfors qu'il avoit raſſemblés , il les fit graver tous , & en donna lui-même une defcription

* Recueil
d'Antiquités
Egyptiennes ,
Etruſques,&c.
1752 & ſuiv.
in 4°. 7 vol.

ſavante dans un Recueil orné de plus de huit cens planches *. On y trouve, outre les morceaux qu'il poſſédoit , quelques monumens dont il avoit pris connoiſſance , en particulier ces reſtes d'ouvrages Romains ou Gaulois qui font diſperſés dans nos Provinces. Il en avoit fait lever les plans à grands frais.

Aucune dépenſe ne lui coûtoit dès qu'il falloit enrichir les Arts. Vers 1756 il vit les enfans d'un artiſan jouer dans la boutique de leur père avec des deſſins coloriés, qu'ils prenoient pour des images : c'étoient des morceaux précieux faits d'après des peintures antiques par le célèbre Bartoli de Pérouſe. Le COMTE les voit, s'arrête, & après les avoir fixés un moment, il demande au père, de qui il les tient. L'artiſan lui répond avec franchiſe qu'il en a d'autres encore dans ſon grenier. *Eh bien*, dit le COMTE, *faites-les defcendre, je vous donnerai un louis pour chacun.* Le fruit de cette libéralité ne devoit pas être pour lui. Le Recueil qu'il forma fut deſtiné ſur le champ au Cabinet du Roi; mais avant de l'y dépoſer, le COMTE voulut donner au public une idée de la méthode des Peintres anciens pour compoſer & colorier.

Il fit graver au ſimple trait tous ces deſſins de Bartoli, de manière qu'en ſuivant ce trait, qui donne le contour véritable des objets, un Peintre à *Gouazze* pût les colorier aiſément, & imiter le travail de la peinture antique. Les planches de ce Recueil ont été rompues après trente épreuves ; le Comte DE CAYLUS n'eſpéroit pas trouver en Europe un plus grand nombre d'amateurs qui vouluſſent s'engager à les faire colorier. Ce n'étoit, en effet, qu'à cette condition qu'il faiſoit préſent de ce Recueil, & il le donna à tous ceux qui ſe préſentèrent avec cette promeſſe. Pour relever encore la magnificence du préſent, il fit imprimer à ſes frais l'explication des différens objets de ce Recueil, l'un des plus beaux monumens de la Typographie Françoiſe. L'ouvrage achevé, il envoya les originaux au Cabinet du Roi, où ils ne furent reçus que ſous la promeſſe de les communiquer aux amateurs qui auroient pris avec le Comte DE CAYLUS l'engagement qu'il leur avoit impoſé.

Son premier projet n'avoit été que de publier ces deſſins précieux, que le haſard lui avoit procurés. Mais des perſonnes de goût, revenues d'Italie,

avoient

avoient admiré à Paleftrine la fameufe Mofaïque qui en fait la gloire ; elles demandèrent avec inftance qu'on préfentât auffi avec toutes fes couleurs ce monument jufqu'alors défiguré par le burin. Un telle demande parut un ordre au Comte DE CAYLUS. Sans confidérer les difficultés, & moins encore la dépenfe, il fit deffiner cette Mofaïque ; & pour éviter tout reproche, il le fit faire par un Artifte Italien. Ce ne fut pas tout : la planche gravée, il envoya de nouveau en Italie pour qu'on en vérifiât les épreuves fur les lieux ; & c'eft ainfi qu'il nous a retracé, avec tous fes ornemens, ce monument fymbolique dont M. l'Abbé Barthélemy a été l'interprête.

C'étoit M. Mariette, leur ami commun, qui s'étoit chargé d'expliquer les deffins de Bartoli. Nommer cet amateur, c'eft rappeller encore ce que nous devons au Comte DE CAYLUS. Dans le temps que la gravure faifoit fa plus forte paffion, il avoit gravé lui-même au fimple trait toutes les pierres en creux qui font au Cabinet du Roi. Cette fuite, qu'il avoit diftribuée à fes amis à mefure que chaque planche étoit fortie de fes mains, formoit un Recueil de plus de quatre cens eftampes. Depuis l'ayant jugé lui-même, & l'ayant jugé en Artifte, il s'étoit déterminé à faire un choix des pierres les plus intéreffantes : ce fut alors, qu'après avoir engagé Bouchardon à être fon deffinateur pour cette partie, il invita M. Mariette à compofer un Livre qui expliquât ces planches, tandis qu'il préfidoit lui-même aux gravures qu'on en faifoit, & qu'il les préparoit prefque toutes à l'eau-forte. Telle eft l'Hiftoire du *Traité des pierres gravées* qui a paru en 1750 ; ouvrage célèbre, où M. Mariette, Auteur & Imprimeur à la fois, s'eft montré digne du fiècle des Eftienne par fon érudition, & du nôtre par fa manière de la préfenter.

La confidération dont le Comte DE CAYLUS jouiffoit dans le monde littéraire, étoit égale aux titres qui la lui méritoient. L'Infant de Parme le fit confulter lorfqu'on entreprit les fouilles de Velleia ; l'Académie de Gottingue lui envoya des Lettres d'Honoraire fans qu'il les eût demandées ; on s'empreffoit enfin de lui dédier des Ouvrages dans toute l'Europe. Son commerce, brigué par ceux qui vouloient paroître fçavans, honoroit également ceux qui l'étoient. « Une lettre de M. le Comte DE CAYLUS étoit un brevet d'antiquaire. *Eloge par M. Le Beau.

L'hommage qui le flatta le plus, fans doute, fut celui qu'il reçut de cette

Nation qui fe plaît à nous railler, tandis que nous admirons jufqu'à fes ridicules. Au mois de Juin 1764, un C eur Anglois vint trouver le Comte DE CAYLUS, alors retenu au lit, & lui apporta cinq figures Egyptiennes, avec un bas-relief de marbre trouvé au Caire. Le fecret avoit été recommandé par celui qui faifoit le préfent. Fidèle à cet ordre, le Graveur éluda toutes les queftions du Comte DE CAYLUS, & profitant bientôt de la maladie où il le voyoit, il s'échappa & difparut. Seulement il avoit laiffé un billet anglois, où le Comte crut trouver les éclairciffemens qu'il defiroit ; mais l'écrit étoit anonyme, & portoit en fubftance qu'un Anglois, ami de la liberté, citoyen du monde, vouloit placer quelques antiquités Egyptiennes dans le Cabinet de M. DE CAYLUS. Pénétré de reconnoiffance pour un procédé auffi noble, le Comte chercha par mille moyens à connoître fon bienfaiteur. Tout fut tenté, rien ne réuffit. Enfin il recourut aux papiers publics de Londres. L'Anglois y lut une partie des remerciemens de l'Antiquaire François, & le defir qu'il témoignoit en même-temps de connoître l'hiftoire des monumens qu'on lui avoit donnés. C'étoit un piége adroit pour obliger le bienfaiteur à répondre. Il le fit : les éclairciffemens furent donnés ; mais le partifan de la liberté fe déroba toujours à la reconnoiffance. Depuis la mort du COMTE, M. Grofley a fait à Londres de nouvelles informations ; elles lui ont appris que le préfent venoit de M. Thomas Holles, l'un des Membres de la Société Royale, & de celle des Antiquaires.

Au milieu de tous ces honneurs, les feuls que le Comte DE CAYLUS ait defirés, il fentit tout-à-coup fon tempérament s'affoiblir. Au mois de Juillet 1764, un dépôt d'humeurs fixé fur une de fes jambes, détruifit fa fanté, mais fans interrompre fes études. Quand la plaie fut fermée, il reprit fes occupations, & vifita avec empreffement fes amis, c'eft-à-dire, les Sçavans & les Artiftes. Enfin, un abattement univerfel l'ayant condamné à refter au lit, il s'en arrachoit encore pour aller à l'Académie ; on l'y voyoit dix jours avant fa mort. Il acheva d'expirer le 5 Septembre 1765.

Ses dernières paroles furent des vœux pour les Arts, & un ordre de tranfporter pour la troifième fois fon Cabinet dans celui du Roi. La veille de fa mort il recommanda auffi à M. Mariette la Defcription des Antiquités Romaines, qui décorent le midi de la France ; Ouvrage commencé par Colbert, & que le

Comte DE CAYLUS vouloit dédier à la mémoire de ce Miniftre. Les deffins que Mignard l'Architecte en avoit faits, étoient tombés entre fes mains, & il s'occupoit alors à les faire vérifier fur les lieux.

Le tombeau du Comte DE CAYLUS, placé dans une des Chapelles de S. Germain-l'Auxerrois, mérite encore d'être remarqué : c'eft le tombeau d'un Antiquaire. Ce monument eft un ancien cénotaphe, du plus beau porphyre, avec quelques ornemens dans le goût Egyptien. Depuis le moment où le Comte l'avoit acquis, il l'avoit deftiné à orner le lieu de fa fépulture. En attendant l'heure fatale, il l'avoit fait dreffer dans fon jardin, où il le confidéroit fouvent d'un œil tranquille, & le montroit à fes amis. Il en a même donné une defcription dans le tome feptième de fes antiquités, qui a paru après fa mort.

Le caractère du Comte DE CAYLUS s'eft peint dans les différentes occupations qui ont partagé fa vie. Il porta dans la fociété la franchife militaire ; fa politeffe n'étoit que vraie ; avec un refpect inaltérable pour fon Prince, il eut toujours un éloignement invincible pour la Cour. Né indépendant & enjoué, il n'en fut pas moins affidu à l'étude ; il fe prêtoit aux difcuffions les plus minutieufes, & fa vivacité n'a jamais nui qu'à la correction de fon ftyle. Son cœur valoit encore mieux que fon efprit ; on l'a vu fouvent fe déclarer pour des amis dans la difgrace.

Tout le monde fçait ce vers où le *Méchant* flétrit à la fois les protégés & & les protecteurs. Le Comte DE CAYLUS le faifoit oublier : qu'il ait un imitateur, cette vérité ne fera qu'une injure. Les Gens de Lettres ne ram- poient point devant lui, parcequ'il l'étoit lui-même, & qu'il l'étoit affez pour être modefte devant eux. Dans fes Mémoires, il a toujours nommé les Sçavans qui le fecondoient * : & ce n'eft furement point par vanité qu'il a écrit : *Je* *fçais par moi-même ce qu'il en coûte à un amateur qui ne s'eft pas dévoué dès l'enfance* *à ces profeffions, pour être prodigieufement inférieur à tout homme de l'art.*

Protecteur des Artiftes, il aimoit à faire éclore le talent. Un jour il vit fur le bord d'un foffé un ruftre qui dormoit d'un profond fommeil. Près de cet homme étoit un enfant de onze ans, qui d'un œil attentif confi- déroit fon caractère de tête & fon habillement pittorefque. Le COMTE s'approche avec affabilité , & lui demande à quoi il penfe. *Monfieur ,* dit l'enfant, *fi je fçavois bien deffiner, je voudrois faire cet homme. — Faites-le toujours , voilà des tablettes & un crayon.* L'enfant encouragé trace l'objet de fon mieux ; & à peine a-t-il fini fa tête, que le Comte l'embraffe, & s'informe de fa demeure pour lui donner un fort plus heureux.

Dans ces promenades que le Comte DE CAYLUS faifoit prefque toujours feul, il s'amufoit quelquefois à demander la monnoie d'un écu aux pauvres qu'il rencontroit. Quand ils étoient allés la chercher , il fe cachoit pour jouir de l'embarras où ils feroient à leur retour : peu après il fe montroit, prenoit plaifir à louer le pauvre de fon exactitude, & le recompenfoit en doublant la fomme. Il a dit plufieurs fois à des amis : *il m'eft arrivé de perdre mon écu, mais j'étois fâché de n'avoir pas été dans le cas d'en donner un fecond.*

Le Comte DE CAYLUS avoit une fimplicité de caractère & une candeur qui augmentent les regrets des gens de bien. Cette fimplicité avoit même paffé jufque fur fon extérieur ; & jamais perfonne ne fut plus ennemi du luxe , du moins pour lui-même. Lorfque fa fortune fe fut accrue en 1760 de celle du Duc de Caylus fon Oncle, il n'ajouta rien à fa dépenfe ; les Lettres & les Arts recueillirent tout cet héritage. Il en négligea même la portion éclatante qui ne pouvoit convenir qu'à lui feul. Le Duc de Caylus ayant embraffé le fervice d'Efpagne fous Philippe V. ce Prince lui avoit conféré la Grandeffe, & avoit déclaré que cette dignité feroit réverfible à fes héritiers portant le nom & les armes. A la mort de ce Seigneur, le COMTE ne fit aucune démarche pour jouir d'une faveur, qu'il ne pouvoit étendre fur les Lettres.

Il eft peut-être encore remarquable que fon nom n'ait été infcrit dans aucun Nobiliaire, quoique l'héritier de Thubières & de Lévy eût tant de titres pour y occuper une place : mais le Comte DE CAYLUS ne s'eft fouvenu de fa nobleffe que pour être plus généreux & plus humain.

JEAN ASTRUC.

M. ASTRUC.

JEAN ASTRUC naquit à Sauve, ville du bas Languedoc, dans le Diocèse d'Alais, le 19 Mars 1684. Sa famille, alliée à la plus ancienne Nobleffe de cette Province, y tenoit un rang diftingué. Son père étoit Miniftre du faint Evangile dans cette partie du Languedoc, où les Proteftans, encore tolérés, avoient le libre exercice de leur Religion. Il joignoit à une connoiffance profonde des langues fçavantes, une littérature immenfe : l'étude réfléchie de l'antiquité rempliffoit les vuides que les occupations de fa place lui laiffoient.

Il fit abjuration peu de temps avant la révocation de l'Edit de Nantes ; & quoique fon fils eût été baptifé dans le Temple de Sauve, il l'éleva dans la Religion Catholique. Libre pour lors des embarras du miniftère, il avoit réfolu de mener une vie retirée & philofophique : l'éducation de fes enfans, à laquelle il fe livroit tout entier, lui fervoit en même-temps d'occupation & de délaffement. Le jeune ASTRUC, né avec les difpofitions les plus heureufes, ne pouvoit manquer de faire de grands progrès fous un maître qui étoit tout à la fois précepteur éclairé, père tendre, ami fincère.

Les humanités finies, il fit fa philofophie à Montpellier, où il prit le grade de Maître-ès-Arts en 1700. Son inclination le porta à étudier la Médecine : les fuccès juftifièrent fon choix. Ayant reçu en 1702 le dégré de Bachelier, il publia une Differtation de la Fermentation : il fait entrer pour quelque chofe dans la caufe de l'effervefcence les tourbillons cartéfiens, l'explofion de la matière fubtile. Pour juger cet Ouvrage comme il mérite de l'être, il faut fe tranfporter au temps dans lequel il fut compofé ; il faut voir le point d'où l'Auteur eft parti, & mefurer l'intervalle qui fe trouve entre ce point & l'état actuel de nos connoiffances. La Chymie étoit encore à fon aurore ; fa lumière, trop foible, ne répandoit qu'un demi-jour fur la phyfiologie : en un mot, c'eft l'ouvrage d'un jeune homme. Mais fes erreurs mêmes avoient quelque chofe de grand, qui annonçoit ce qu'il devoit être un jour. Raimond Vieuffens, auteur du Traité fur la Névrologie, ne s'y méprit point ; il regarda l'Auteur comme un adverfaire qui n'étoit pas à dédaigner, & lui fit l'honneur de le critiquer publiquement. M. ASTRUC, flatté de cette marque de diftinction, répondit, mais avec tous les ménagemens & les égards qu'il devoit à l'âge & aux talens de Vieuffens.

En 1703 M. Astruc fut admis au Doctorat. Ce grade, que malheureufement quelques Médecins regardent comme le terme de leurs travaux, fut pour lui un engagement de s'inftruire davantage : l'efpace de temps qui s'écoula depuis ce moment jufqu'en 1710, fut entièrement employé à l'étude d'un art dont il devoit un jour augmenter les progrès. La route qu'il prit dans fa méthode d'étudier fut toute différente de celle que l'on fuivoit alors. Des hypothèfes pour des faits ne pouvoient fatisfaire un efprit auffi jufte que le fien : c'étoit dans les Hôpitaux, au lit des malades, qu'il alloit interroger la nature, & lui demander la folution des problêmes qu'il trouvoit dans les livres. De retour dans fon cabinet, il écrivoit ce qu'il avoit obfervé, comparoit fes obfervations avec celles des anciens, analyfoit leurs ouvrages, remarquoit en quel état ils ont laiffé la médecine, ce que chacun des modernes a ajouté, ce qu'ils ont fait pour reculer les bornes de l'art. Dans tous fes morceaux d'analyfe on reconnoît cette méthode fevère qu'il a fuivie dans fon Traité des Maladies des femmes. Convaincu qu'on ne peut marcher d'un pas ferme & fûr dans la pratique de la médecine, fi l'on n'eft guidé par l'anatomie, il employa un temps très-confidérable à approfondir les myftères de cette fcience. Les remarques qu'il a faites dans fon Traité des Maladies des Femmes fur les appendices cœcales de la matrice, prouvent que fes travaux n'ont pas été infruďueux, & qu'il auroit pu tenir un rang illuftre parmi les anatomiftes de notre fiècle, fi le temps lui eût permis de fuivre fes découvertes.

Telles furent les occupations de M. Astruc pendant les premières années de fon doctorat ; il ne fit rien paroître pendant tout ce temps. Un filence auffi long devoit néceffairemenr furprendre : le Traité de la Fermentation, fait à l'âge de 18 ans, étoit une efpèce d'engagement qu'il avoit pris avec le public : l'accueil qu'on avoit fait à ce livre fembloit donner des droits fur les travaux de fon Auteur. M. Astruc répondit enfin à l'idée qu'on avoit de lui. Il publia en 1710 une Differtation fur le Mouvement Mufculaire. Cet ouvrage fut très-bien reçu : on y trouve réunis la vérité des faits & l'élégance du ftyle. Manget l'inféra dans fon *Theatrum Anatomicum* ; & on ne l'y crut point déplacé

Dans ce temps l'Univerfité de Touloufe propofoit au concours une chaire d'anatomie & de médecine : c'étoit y nommer M. Astruc; il l'obtint en effet. Ce fut après avoir pris poffeffion de fa place, qu'il publia fon Traité de la nature de la Digeftion, fur laquelle il avoit déja propofé quelques vues nouvelles. Cette queftion fixoit alors l'attention des fçavans de l'Europe. Hecquet, à Paris, établiffoit dans les Ecoles le fiftême de la trituration ; Pitcarn en, Ecoffe, la propofoit, & s'attribuoit le mérite de l'invention ; il fembloit ignorer que Leuwencoek étoit le premier qui en eut parlé. Le Profeffeur Ecoffois ne pardonna pas à M. Astruc d'avoir été d'un autre fentiment que lui. Le defir de la vengeance lui fit oublier que des traits de fatyre, des farcafmes ne peuvent jamais tenir lieu de raifons, & qu'une épigramme n'eft pas un argument. M. Astruc, quoique vivement attaqué, ne fortit point de fon caractère : il répondit aux invectives de fon adverfaire par une Lettre, qu'on peut citer comme un modèle de la modération & de l'honnêteté qui devroient toujours régner dans les ouvrages polémiques.

La réputation que M. Astruc s'étoit juftement acquife, le fit choifir par MM. Chirac & Vieuffens pour arbitre d'une difpute qui venoit de s'élever entre ces deux Sçavans au fujet de l'acide, que M. Vieuffens prétendoit fçavoir feul extraire du fang. Cette marque de confiance faifoit honneur aux lumières & à la prudence de M. Astruc; mais elle le mettoit dans une pofition bien délicate : il ne falloit pas moins que fon habileté pour en fortir avec gloire. Dans la plûpart des difputes, fi l'on fe brouille avec le parti qui a tort, on gagne l'amitié de celui qui a raifon, quelquefois l'eftime de tous les deux. La circonftance étoit bien différente : les prétentions de M. Chirac étoient auffi fauffes que celles de M. Vieuffens. M. Astruc leur prouva, en leur démontrant, que la découverte qu'ils fe difputoient n'étoit qu'une chimère, puifque cet acide n'exiftoit pas dans le fang, mais dans la terre bolaire qu'on employoit dans la diftillation. M. Chirac méritoit qu'on lui dît la vérité, puifqu'il avoit la force de l'entendre. Il n'en eftima pas moins l'Auteur du jugement, auquel il fit avoir, en 1716, la furvivance de fa place.

Ce ne fut cependant que l'année fuivante que M. Astruc commença à enfeigner en titre à Montpellier. Il avoit reçu de la nature tout ce qui peut faire un grand Profeffeur ; une manière d'inftruire claire, précife, jufte ; une éloquence mâle & vigoureufe : on croyoit, en l'entendant parler, que le talent d'enfeigner étoit le feul qu'il poffédoit. Ses leçons étoient recueillies avec foin par fes difciples. Un Médecin, nommé Lamotte, voulut profiter de la réputation des ouvrages de M. Astruc pour fe faire un nom : il publia, comme de lui, un Traité de Thérapeutique, que ce célèbre Profeffeur avoit dicté à Montpellier. Malgré tout ce qu'il fit pour le défigurer & l'altérer, il n'étoit pas encore affez mauvais pour que le public pût être trompé : quelques traits de génie femés dans l'ouvrage firent découvrir la fraude ; on fe hâta de le reftituer à fon Auteur véritable, qui le défavoua. Il n'en fut pas de même du Traité de Pathologie, imprimé fous fon nom dix ans après.

Sa réputation croiffoit rapidement ; fes Ecoliers, difperfés dans toute l'Europe, y répandoient le nom & les louanges de leur Maître. Elles parvinrent jufqu'à la Cour ; le Roi lui fit donner à Montpellier une penfion de fept cens livres : on étoit bien fûr que l'intrigue n'avoit pas obtenu cette grace. L'année fuivante M. Dodart, premier Médecin, le récompenfa d'une manière plus conforme à fon goût, en le nommant Infpecteur des eaux minérales de Languedoc.

La pefte de 1721, qui défoloit Marfeille & la Provence, fut pour M. Astruc une nouvelle occafion de faire connoître fa profonde érudition & l'étendue de fes connoiffances. Plufieurs Médecins célèbres, dans la vûe peut-être d'infpirer au peuple une fécurité trompeufe, foutenoient que la contagion ne peut avoir lieu ; que c'eft un phantôme élevé par la frayeur, que la raifon doit faire difparoître. Il eft affez inutile de rapporter ici les différens Ecrits par lefquels ils tâchèrent de donner de la confiftance à leur fyftême ; il fuffit de fçavoir que M. Astruc prouva dans fon ouvrage que la pefte eft un mal contagieux ; qu'on ne peut s'en garantir qu'en interceptant toute communication. Après cette victoire M. Astruc vint à Paris : ce n'étoit pas le fimple mouvement d'une curiofité ftérile qui le portoit à venir voir la Capitale ; un intérêt plus puiffant avoit déterminé fon voyage, le defir de perfectionner fon Traité des Maladies Vénériennes, & fon Hiftoire de la Faculté de Montpellier. Il fe flattoit qu'il trouveroit dans le fanctuaire des fciences des fecours que

les

les Provinces n'avoient pu lui procurer. Il ne jouit pas long-temps du repos qu'il defiroit ; fa réputation l'avoit devancé & le trahiffoit. Le Roi de Pologne, Electeur de Saxe, l'appella auprès de fa perfonne en qualité de premier Médecin. M. Astruc n'étoit pas fait pour être courtifan : également incapable de feindre & de diffimuler, il ne concevoit pas qu'un homme né libre & indépendant pût avoir des fentimens qui n'étoient pas les fiens : auffi l'ennui le gagna-t-il bientôt à la Cour. Des affaires qui lui furvinrent fournirent un prétexte pour fe retirer fans manquer à un Prince dont il n'avoit jamais reçu que des marques de bonté. Il partit comblé d'éloges, & revint à Paris, où il avoit réfolu de fixer fon féjour.

Les dignités l'attendoient dans cette Capitale. La ville de Touloufe n'avoit pas oublié que les premières leçons de M. Astruc avoient fait revivre l'anatomie dans fes Ecoles. L'amphithéâtre lui devoit fon rétabliffement & fa fplendeur : de très-beaux vers latins, gravés fur le frontifpice, en perpétuoient la mémoire. La Province voulut lui témoigner fa reconnoiffance d'une manière auffi durable, en le nommant Capitoul. Cette même année il fut décoré du titre de Médecin Confultant du Roi. L'année fuivante le vit fuccéder à M. Geoffroi dans la place de Profeffeur au Collège Royal. Il reçut ce prix de fes travaux, avec d'autant plus de plaifir, qu'il flattoit extrêmement fa paffion dominante, celle d'enfeigner.

Il avoit enfin mis la dernière main à fon grand ouvrage des Maladies Vénériennes ; il le publia en 1736. L'hiftoire qu'il fait de cette maladie eft un chef-d'œuvre de critique & d'érudition ; c'eft à la découverte du nouveau monde, par Chriftophe Colomb, qu'il croit devoir rapporter l'origine de ce fléau dans nos climats. Les fymptômes de ce mal, les différens déguifemens fous lefquels il cherche fouvent à fe mafquer, les phafes qu'il parcourt, les accidens terribles qui peuvent furvenir, forment la feconde Partie de fon Ouvrage. Que de recherches il a dû faire ; quel cahos il lui a fallu débrouiller, pour former un ouvrage raifonné, fuivi & complet de cette affreufe maladie ! On reproche un peu trop d'uniformité à fa méthode curative. Cette objection tombe d'elle-même, lorfqu'on fait attention qu'il eft impoffible qu'une méthode générale puiffe embraffer tous les cas ; c'eft au médecin inftruit à varier fon traitement, fui-

vant les différentes conbinaifons. Ce livre eut un fuccès prodigieux : les Li-
braires étrangers le contrefirent en 1738. Nous ajouterons ici, à la gloire de
M. Astruc, que ce traité eut un fort auffi brillant que les Inftitutions de
Médecine de Boerrhaave : il fut traduit dans prefque toutes les Langues.

Fortement occupé de fa profeffion, il trouvoit encore moyen de prendre
quelques délaffemens ; c'étoit en changeant d'objet de travail. En effet, il
donna dans le même temps des Mémoires très eftimés fur les Antiquités &
l'Hiftoire Naturelle du Languedoc.

D'après tout ce que nous venons de dire, on eft fans doute étonné de
l'immenfité des connoiffances de M. Astruc ; nous n'en avons cependant
indiqué qu'une partie : fon vafte génie embraffoit jufqu'à l'Hiftoire Sacrée ; il
a laiffé des conjectures fur les Mémoires originaux dont il croyoit que Moyfe a pu
fe fervir pour la compofition de la *Genèfe*. Une perfonne de beaucoup d'efprit,
en parlant de M. Astruc, difoit : *Cet homme-là fait tout, même la Médecine.*

La fameufe difpute des Médecins & des Chirurgiens fournit une nouvelle
preuve de la profondeur de fes lumières. Cinq Lettres qu'il publia fucceffivement
ne contribuèrent pas peu au gain du procès. M. Astruc n'étoit pourtant pas
encore membre de la Faculté : il le devint peu de temps après. La manière
dont il entrà dans cet illuftre Corps a quelque chofe de remarquable : on négligea
les formalités ordinaires ; il fut adopté d'un confentement unanime. La Faculté
crut qu'elle pouvoit déroger à fes ftatuts, en franchir les bornes, pour un homme
dont le mérite n'en connoiffoit point. Perfonne ne mérita jamais mieux
l'exception. Pendant tout le cours de fa vie il ne négligea aucune des affemblées
de la Faculté. On le vit affifter régulièrement à la vifite des pauvres qui s'y
raffemblent un jour de la femaine. Jamais il ne profita des circonftances qui
auroient pû légitimement le difpenfer de ce foin.

Au milieu des infirmités de l'âge, l'efprit ne perdoit rien de fa force ; la
vieilleffe qui l'atteignoit, fembloit accélérer fa marche dans la carrière de fes
travaux. Il expofoit en latin, au Collège Royal, toutes les maladies & la manière
de les traiter dans le plus grand détail. Son exactitude à remplir cette place,
fon éloquence naturelle, l'élégance & les graces de fa diction, le faifoient
admirer de fes compatriotes & des étrangers. On fuivoit fans peine un guide

qui ſavoit faire diſparoître les obſtacles, applanir les difficultés. Ses leçons étoient ſi clairement diviſées, expoſées ſi méthodiquement, que ſes écoliers les rédigeoient ſous ſa dictée. Elles n'eurent pas le ſort ordinaire de périr auſſi-tôt après avoir vû le jour. Toutes les Univerſités les adoptèrent ; la doctrine D'ASTRUC étoit devenue celle de l'Europe entière. L'intérêt que l'on prend ordinairement à la gloire de ſon Maître, un zèle peut-être mal entendu, portèrent ſes diſciples à donner au public quelques-uns de ſes Ouvrages. Il parut à Londres ſous ſon nom, un Traité des Maladies du Bas-ventre. Les erreurs que renferment toujours des éditions furtives, les fauſſes notions qu'on doit néceſſairement puiſer dans ces ſources altérées, allarmèrent un homme qui ne cherchoit d'autre récompenſe de ſes travaux que l'utilité : l'amour du bien public l'emporta ſur la modeſtie. M. ASTRUC ſe hâta de travailler ſes leçons avec tout le ſoin que ſes grandes occupations lui permettoient de leur donner.

Le Traité des Tumeurs eſt le premier ouvrage qu'on ait vu de lui. L'édition fut bien-tôt épuiſée. Un ſuccès auſſi rapide, en faiſant l'éloge du livre, annonçoit l'accueil favorable que devoit avoir deux ans après le Traité des Maladies des Femmes. On deſiroit depuis long-temps un ouvrage dans ce genre. La médecine ancienne n'avoit point porté ſes vues ſur les maux attachés à la différente conſtitution & à la délicateſſe d'un ſexe qui fait l'agrément de la ſociété. M. ASTRUC étoit trop éclairé pour penſer qu'un ſentiment nouveau, fondé ſur des faits qui renverſoient les ſyſtêmes reçus juſqu'à préſent, ne trouvât que des partiſans. Il ne fut point ſurpris de voir un des médecins les plus fameux de l'Europe, lui propoſer quelques doutes ſur le méchaniſme de la menſtruation qu'il établiſſoit dans ſon ouvrage. L'honnêteté & la décence que ces deux Sçavans mirent dans leurs écrits, prouvent que ce n'étoit pas l'envie de cenſurer, encore moins un ſentiment plus vil, qui avoit engagé M. Van-Swieten dans la diſpute, & que M. ASTRUC étoit prêt à embraſſer tout autre ſyſtême qui l'eût ſatisfait davantage. Il voulut appuyer de l'obſervation ſon ſentiment ; en conſéquence, le Manuel des Accouchemens pour les Sages-Femmes, ſuivit de près le Traité précédent : ce fut ſon dernier ouvrage. Il ſe propoſoit de donner inceſſamment ſon Hiſtoire de la Faculté de Montpellier : le temps ne le lui permit pas. Ce ſeroit affliger les gens de lettres que de leur annoncer un projet auffi vafte, s'il n'eût pas eu fon exécution. Quels feroient leurs regrets, fi ces Mémoires précieux n'euffent reçu d'une plume fçavante la pureté & l'élégance du ftyle, l'exactitude des faits que M. Astruc n'avoit pu leur donner? M. Lorry, célèbre Médecin de la Faculté de Paris, dont les ouvrages font revivre la faine Médecine Hippocratique, trop méconnue de nos jours, a bien voulu, malgré les occupations d'une pratique brillante, mettre ces Mémoires en état de paroître. La Médecine lui eft encore redevable de la dernière édition du Traité de Pathologie de M. Astruc. On y trouve à la tête une Préface de l'Éditeur, qui mérite d'être diftinguée des ouvrages de ce genre, par la profonde érudition dont elle eft remplie. Ce livre fait defirer que le traité de Thérapeutique, imprimé d'après des manufcrits infidèles, ait un jour le même Éditeur.

Tel fut M. Astruc. « Les Étrangers le connoiffoient mieux que ne faifoit » une partie d'entre nous. Il arrive quelquefois qu'ils nous apprennent le mérite » de nos propres concitoyens, que nous négligions, peut-être parceque leur » modeftie leur nuifoit de près ». Un grand Roi mandoit à un Philofophe de fes amis : *Je fuis tranquille fur votre fort ; un homme tel que vous ne peut avoir pour Médecin qu'Astruc.*

Fontenelle, Eloge de M. Littre.

On connoît peu de détails fur la vie privée de ce Sçavant. Tout entier à fa profeffion, il ne donnoit rien à la fociété ; très-peu d'inftans à fa famille. Il favoit trop combien il devoit à l'éducation qu'il avoit reçue de fon père, pour ne pas être le précepteur de fon fils. C'étoit pour cette feule occupation qu'il croyoit pouvoir dérober quelques momens au travail : il mourut le 5 Mai 1768, à l'âge de 82 ans.

La Faculté de Médecine de Paris a fait placer dans fon Amphithéâtre le Bufte de M. Astruc, honneur qu'elle n'avoit accordé qu'à M. Winflou.

M. Astruc avoit époufé Jeanne Chaunel, d'une très-bonne famille de fa Province. Il en eut deux enfans, un fils & une fille. Son fils eft M. Aftruc, Préfident honoraire de la Cour des Aides de Paris, & Maître des Requêtes. Sa fille mariée à M. de Silhouette, Miniftre d'État, eft morte un an avant fon père.

G. Dagoty del.   ℓ Sculp

J . PH . RAMEAU .

RAMEAU.

Jᴇᴀɴ-Pʜɪʟɪᴘᴘᴇ Rᴀᴍᴇᴀᴜ, Compofiteur de la Mufique du Cabinet du Roi, & Affocié de l'Académie de Dijon, naquit en cette ville le 25 Septembre 1683, de Jean Rameau, Organifte, & de Claudine Martinecourt. La Mufique fut fa première langue : & le premier ufage qu'il fit de fes doigts, fut fur le clavier d'une Épinette. Il avoit à peine atteint fa huitième année, qu'il touchoit déja parfaitement du Clavecin, & qu'il commençoit à être verfé dans cet art qu'il lui étoit refervé de perfectionner. Le véritable homme de génie n'eft propre qu'à l'objet pour lequel la nature l'a deftiné : Le père de Rᴀᴍᴇᴀᴜ voulut en vain que fon fils reçût l'éducation prefque toujours ftérile qu'on donne indiftinctement à tous les jeunes gens : celui-ci n'eut le courage de fuivre fes études que jufqu'à la quatrième. Il s'y appliquoit fi peu, que, pendant les claffes, il ne pouvoit s'empêcher de chanter ou d'écrire de la Mufique.

Les heureufes difpofitions ne font pas feules les vrais talens : ce n'eft qu'en étudiant les modèles en chaque genre, que l'on peut parvenir à fe former un goût fûr, fans lequel on n'arrive jamais à la perfection. Ce n'étoit point en France que Rᴀᴍᴇᴀᴜ devoit en chercher : la Mufique y étoit encore trop peu avancée. Lulli avoit paru à la vérité ; mais l'Italie, cette patrie des arts, offroit de meilleurs guides. Rᴀᴍᴇᴀᴜ, à peine dans fa vingtième année, jugea à propos d'y aller admirer les chefs-d'œuvre des grands Maîtres. Il n'y fit pas un long féjour : Milan fut le terme de fes courfes : il fe repentit dans la fuite de n'avoir pas pénétré plus avant.

De retour en France, il s'arrêta quelque temps à Montpellier, & fit enfuite un premier voyage à Paris, pendant lequel il prit quelques leçons du célèbre Marchand, le plus grand Organifte pour l'exécution qu'on ait entendu. Il quitta la Capitale pour fe rendre à Clermont en Auvergne, où il paffa un bail avec le Chapitre de la Cathédrale, qui le choifit pour fon Organifte. Bien-tôt il defira de le réfilier : mais on s'y oppofa. Pour obliger le Chapitre à lui donner fa liberté, Rᴀᴍᴇᴀᴜ fe fervit d'un moyen extraordinaire qui produifit tout l'effet qu'il en attendoit. Un jour qu'il étoit à l'orgue, il forma le charivari le plus diffonant & le plus défagréable pour les oreilles les moins fenfibles, mais en même-temps le plus furprenant pour les connoiffeurs. On eut beau lui donner le fignal ordinaire pour l'empêcher de toucher, il continua toujours : on fut forcé de lui envoyer un enfant de Chœur, dont la préfence le fit fortir de l'Eglife. Le Chapitre lui fit faire des reproches : il répondit qu'il ne joueroit jamais autrement, fi l'on ne vouloit pas lui accorder le congé qu'il deman-doit. Il l'obtint enfin, & témoigna fa reconnoiffance en faifant entendre fur l'orgue tout ce que l'harmonie a de plus éclatant, & la mélodie de plus doux.

Dès que RAMEAU put faire ufage de fa liberté, il fe hâta de revenir dans la Capitale, le feul théâtre digne de fes talens. Sa réputation l'y avoit précédé : il y donna pendant quelques temps des leçons de clavecin. Organifte de Sainte-Croix de la Bretonnerie, il y attira bien-tôt une foule d'amateurs, qu'il étonna par fa fcience, & qu'il charma par fon jeu auffi agréable que brillant. Ses cantates, quelques motets à grands chœurs, & fur-tout fes pièces de clavecin, toujours eftimées des connoiffeurs, quoiqu'exclues aujourd'hui de prefque tous les concerts, lui méritèrent auffi les plus grands applaudiffemens ; mais il étoit encore loin de cette célébrité que fes Operas devoient lui affurer. S'il fe livra tard à ce genre pour lequel il étoit né, ce fut en partie la jaloufie des Muficiens de fon temps qui en fut caufe. Ils détournoient les Poëtes de lui donner des paroles : La Motte lui en refufa plufieurs fois.

RAMEAU avoit prefque renoncé à l'efpoir de travailler pour le Théâtre, quand une repréfentation de *Jephté* ranima fon génie. Il conçut de nouveau le deffein de faire un Opéra ; mais il lui falloit un Poëme : l'Abbé Pellegrin qui fit *Jephté*, & dont les talens feroient peut-être devenus plus célèbres, s'il eût été moins indigent, lui fournit *Hippolite & Aricie*. Mais le Poëte avoit fi peu de confiance dans le mérite du Muficien, qu'il ne lui livra fa Tragédie qu'après en avoir exigé un billet de cinquante piftoles.

L'Abbé Pellegrin répara quelque temps après cette efpèce d'injure, d'une manière qui lui fit honneur. RAMEAU ayant fini le premier acte de fon Opéra, le fit répéter dans la maifon d'un particulier qui fe fervoit de fes richeffes pour protéger les arts. L'Abbé Pellegrin affiftoit à cette répétition : il fut fi frappé de la beauté de la Mufique, qu'il courut embraffer l'Auteur, & qu'il déchira son billet en s'écriant, que ce n'étoit pas avec un pareil Muſicien qu'on devoit prendre des sûretés.

Enfin *Hippolite* fut joué. Le feu, l'enthouſiaſme & l'imagination qui regnent dans cet Ouvrage, feront toujours croire difficilement que l'Auteur avoit plus de cinquante ans lorſqu'il le donna. Des oreilles accoutumées aux intonations douces & faciles de Lulli ou à celles de ſes imitateurs, devoient néceſſairement être étonnées en entendant une Muſique riche, ſçavante, variée, pleine de force & d'harmonie, en un mot tout-à-fait nouvelle : mais l'ignorance doit-elle rendre injuſte ?

On jugea cependant R A M E A U ſans connoître la langue qu'il parloit. *Hippolite*, dont le ſeul trio des Parques étoit capable de faire la fortune, fut décrié preſque généralement. Non-ſeulement on en abandonna les repréſen-tations ; mais on ſe plut à répandre des brochures & des critiques qui, à défaut de raiſons, contenoient des injures. Les revers ne découragent que les hommes médiocres. R A M E A U étoit trop grand pour ſe laiſſer abattre par celui qu'il venoit d'eſſuyer. *Je me ſuis trompé*, diſoit-il, *j'ai cru que mon goût réuſſiroit ; je n'en ai point d'autre ; je ne ferai plus d'Opéra*. Heureuſement il ne tint pas parole.

Des ſuccès faciles annoncent preſque toujours des ouvrages qui ne portent point l'empreinte du génie. R A M E A U vit *Hippolite* tomber. Mais les applaudiſ-ſemens des perſonnes faites pour apprécier le mérite, ſuccédans inſenſiblement aux cris tumultueux de la cabale & de la multitude, aſſurèrent à cet ouvrage la place qu'il méritoit. Bientôt le ſuccès le plus décidé engagea l'Auteur à faire de nouveaux efforts. Ce fut par l'Opéra des *Indes Galantes* qu'il acheva d'apporter dans la Muſique la révolution que celui d'*Hippolite* avoit commencée, & qu'il impoſa le ſilence à l'envie en la forçant à l'admirer. Monteclair, auteur de la Muſique de *Jephté*, & le plus outré des antagoniſtes de R A M E A U, ne put s'empêcher, en ſortant d'une première repréſentation des *Indes Galantes*, d'aller le remercier du plaiſir que cet Opéra lui avoit cauſé. Campra avoit dit auparavant au Prince de Conti qui lui demandoit ſon ſentiment ſur *Hippolite*, qu'il y avoit dans cet Opéra de la Muſique pour en faire dix.

R A M E A U montra par les *Indes Galantes* qu'il pouvoit à ſon gré ſe monter à tous les tons. Quelle force, quelle vigueur dans l'acte entier des *Incas !*

fur-tout quelle majefté dans le morceau, *Clair flambeau du monde!* quelle noble harmonie dans celui de *Brillant foleil*, dont la parodie devint le vaudeville du temps! quelle fierté dans l'air fublime des *Sauvages!* quelle touche riante que celle du divertiffement des *Fleurs!* la Mufique y eft auffi fraiche, auffi variée que les objets qu'elle peint.

La gloire de RAMEAU, affermie par les Opéras d'*Hippolite* & des *Indes Galantes*, ne fit que s'accroître par la multitude des ouvrages qui les fuivirent. Ce n'eft pas toujours par le nombre des productions d'un Auteur, qu'on doit juger de fa fécondité. Les *Indes Galantes* feules étoient une preuve de celle de RAMEAU. Mais ce qui la prouva davantage encore, c'eft que dans vingt-deux Opéras & quelques Intermèdes qu'on a de lui, il ne fe répéta jamais. Il y eft toujours nouveau, & toujours lui-même. Sublime comme Corneille, il excita l'admiration; fombre comme Crébillon, il infpira l'horreur : & tendre comme Racine, il fit couler des larmes. Quelquefois jouant avec les grâces, il emprunta les pinceaux de l'Albane ; ou rival de Momus, il fut le dieu de la gaieté. Paffions, fentimens, tout fut du reffort de fon génie.

Il eft rare que le même degré de perfection fe trouve dans tous les ouvrages des Auteurs célèbres. Les productions des Muficiens font fur-tout plus fujettes que les autres à moins d'égalité. Traducteurs eux-mêmes, ils dépendent fouvent des paroles fur lefquelles ils travaillent. RAMEAU, admirable dans prefque tous fes ouvrages, l'eût été davantage, fans doute, fi comme Lulli, il eût été fecondé par Quinaut. Il n'eut que deux excellens poëmes : *Dardanus* & *Caftor & Pollux*. Auffi quel avantage n'en a-t-il pas tiré? Il fut vaincu par lui-même dans ce dernier, le chef-d'œuvre des Opéras, puifqu'on peut le regarder comme le fien. Ce dernier Opéra fait pour immortalifer RAMEAU, fit le défefpoir de Mouret. Le grand fuccès de *Caftor* lui caufa tant de jaloufie qu'il en perdit entièrement la tête. On fut obligé de l'enfermer à Charenton, où dans fes accès de folie il répétoit continuellement le chœur admirable du quatrième acte, *Qu'au feu du tonnerre*, &c.

Ce qui diftingua fur-tout RAMEAU, & ce qui doit lui affurer l'empire de la Scène Lyrique, ce font fes airs de ballets, fes ouvertures; enfin toutes fes fympho-nies. Il n'exprimoit point alors les fentimens des autres; il peignoit les fiens, il

créoit.

créoit. Le mérite de ſes airs de danſe a été tellement reconnu, que l'Italie elle-même nous les a enviés, en les adaptant à ſes Opéras. Il excella ſur-tout dans les tambourins & dans les pantomimes. Celle de Pigmalion eſt charmante. Les étrangers ne rendent pas moins de juſtice à ſes ouvertures, d'autant plus étonnantes, qu'elles n'ont entr'elles aucune reſſemblance, & qu'elles ont toutes des *motifs* différens. « Dans Pigmalion, dit M. de Chabanon, c'eſt un » grand effet de bruit ; dans les *Talens*, c'en eſt un de caractère ; dans *Caſtor*, » c'en eſt un de chant. » Celle des *Paladins*, le dernier Opéra de RAMEAU, ſans être de la force des autres, mérite un éloge particulier. Cet Opéra lui-même, quoique l'ouvrage d'un homme de 77 ans, offre les traits les plus vifs & les plus ſaillans. C'eſt une des productions de l'Auteur, qu'il eſtimoit davantage, & où il ſe trouve le plus de chant. Elle ſe rapproche beaucoup, ainſi que l'Opéra de *Platée*, & les *Talens Lyriques*, de nos Comédies à Ariettes qui nous ont donné un genre de plus.

Eloge de Rameau.

Dans les chœurs, les ſymphonies & les morceaux meſurés, RAMEAU laiſſa loin de lui ſes rivaux ; il fut quelquefois au-deſſous d'eux dans le récitatif. On ne peut ſur-tout refuſer à Lulli de lui être ſupérieur dans ce genre. Il négligea trop cette partie, à qui il ſeroit ſi eſſentiel de donner une exiſtence nouvelle, & que lui ſeul étoit capable de réformer. Mais il craignoit, ſans doute, les déſagrémens auxquels l'innovation expoſe preſque toujours. Il avoit encore préſents ceux que la première repréſentation d'*Hippolyte* lui avoit fait eſſuyer. Après avoir fait les belles ſcènes de *Dardanus* & de *Caſtor & Pollux*, il ne lui reſtoit pourtant qu'un pas à faire pour nous laiſſer le modèle d'un récitatif intéreſſant. On peut lui reprocher de n'avoir pas eu la force de le franchir : eſpérons des artiſtes plus courageux.

Une obſervation ſe préſente ici naturellement. C'eſt que tous les Opéras de RAMEAU ont été plus goûtés, quand on les a remis au Théâtre, que lorſqu'ils ont été donnés pour la première fois. En 1760 le public rendit une juſtice éclatante aux talens de ce Muſicien : c'étoit à une repréſentation de *Dardanus* ; on l'apperçut à l'amphithéâtre ; on ſe retourna de ſon côté, & on battit des mains pendant un quart d'heure : après l'Opéra les applaudiſſemens le ſuivirent juſques ſur l'eſcalier. *Dardanus* n'avoit pas eu les mêmes ſuccès dans ſa nouveauté.

Année Litt. Octob. 1760.

Toutes les reprifes de *Pigmalion*, dont la Motte avoit compofé les paroles, mais où le Muficien fait oublier le Poëte, ont toujours été vûes avec un plaifir nouveau. Un Organifte eftimé a mis fur le clavecin l'ouverture de cet Opéra. RAMEAU, qui regardoit la chofe comme impoffible, fut en même-temps fi étonné & fi fatisfait de l'entendre, qu'il engagea l'Auteur, qui vouloit conferver cette pièce pour lui, à en faire part à tous les Organiftes & Claveciniftes. Depuis, cette ouverture, & plufieurs autres morceaux des Opéras de RAMEAU, ont été joués fur l'orgue du Concert Spirituel : on les entend toujours avec la plus grande fatisfaction.

Les *Fêtes de l'Hymen*, qui furent reprifes en 1765, reçurent auffi du public l'accueil le plus flatteur ; mais ce qu'on doit fe rappeller fur-tout, c'eft l'impreffion générale que fit *Caftor & Pollux* à la reprife qu'on en donna la même année. Quoiqu'il fut joué dans une faifon où les plaifirs de la campagne & de la promenade font préférés à ceux que procurent les Spectacles, il y eut, pendant tout le temps qu'on le repréfenta, la plus grande affluence de monde. Il eut fans interruption trente repréfentations qui furent également fuivies.

Si RAMEAU pratiqua fon art en homme de génie, il fut l'approfondir en Savant & en Philofophe. Lorfqu'il parut, la Mufique n'avoit aucune règle certaine, & le Compofiteur ne fuivoit fouvent d'autres guides que fon inftinct, fon goût & fes caprices. La nature qui lui avoit révélé une partie de fes fecrets, lui avoit auffi réfervé la gloire d'établir les principes d'une fcience fur laquelle on n'avoit fait encore que des recherches infructueufes. Les Merfenne, les Defcartes, & plufieurs autres Savans, avoient écrit fur la théorie de la Mufique : mais leurs fpéculations plus ingénieufes que folides, & qui n'étoient point éclairées par la pratique, n'avoient, au lieu de la lumière, répandu que les ténèbres & la confufion.

Ce fut à l'aide des Mathématiques que RAMEAU parvint à les diffiper ; débrouillant le cahos des accords fans nombre que l'ufage avoit introduits dans la Mufique, il vit qu'ils pouvoient fe réduire à deux : l'un *confonnant*, & l'autre *diffonnant*. La fuite des fons fondamentaux de ces accords, lui donna la baffe fondamentale. Une pareille invention, dont l'honneur lui appartenoit entièrement, lui parut beaucoup plus précieufe, lorfque le phénomène des réfonnances du corps fonore lui fournit la preuve qu'il avoit découvert une vérité. » Ce phénomène étoit connu avant RAMEAU ; mais il l'examina plus » foigneufement, & y appliquant fes principes, il en fit la bafe de fon fyftême ». Ce fyftême fe trouve développé dans fon Traité de la *Génération harmonique*, qui fut foumis à l'examen de l'Académie des Sciences. Il eut pour Commiffaires MM. de Mairan, Nicole & d'Alembert, dont il mérita les fuffrages. Ce dernier trouva fes principes fi admirables, qu'il les adopta dans fes Elémens de Mufique qui parurent en 1752.

Eloge de Rameau, par M. de Chaba-non.

Avant RAMEAU, quinze années fuffifoient à peine pour apprendre à toucher le clavecin : il a abrégé la route ordinaire, & dix-huit mois d'étude inftruifent aujourd'hui de cette partie fi difficile & fi effentielle. C'eft encore à lui qu'on eft redevable d'une méthode facile pour connoître les règles de la compofition.

Mémoires de Trévoux, 1752.

La recherche de la vérité mène fouvent à des erreurs. RAMEAU étoit fi fatisfait de la découverte du principe fonore, qu'il crut y appercevoir l'origine de toutes les Sciences. Jufte dans fes principes, il ne le fut pas toujours également dans les conféquences qu'il en tira ; & l'Académicien célèbre qui lui donna des éloges, fe vit obligé de le combattre. Le fameux Euller écrivit auffi contre lui. RAMEAU effuya beaucoup d'autres critiques auxquelles il répondit : il fut fouvent peut-être attaqué trop vivement ; peut-être auffi le fut-il quelquefois injuftement ; mais on peut lui reprocher d'avoir montré dans fes défenfes trop peu de modération, & trop d'amour pour fes opinions.

RAMEAU aimoit tellement fon art, qu'il s'occupa jufqu'au dernier moment de fa vie des moyens de le perfectionner. Il fe repentoit fouvent de n'avoir pas employé à la recherche des principes, le temps qu'il avoit donné à la compofition. La grande quantité d'Ouvrages excellens qu'il a laiffés fur la théorie de la Mufique, fuffifoit pourtant à fa gloire. L'analyfe de ces Ouvrages demanderoit une difcuffion trop étendue : il fuffira de dire qu'ils jouiffent de la plus grande réputation. Il eft fâcheux que l'Auteur, en les compofant, ne fe foit mis à la portée que d'un très-petit nombre de lecteurs. Quoique les fujets qu'il y traite foient arides & fouvent hériffés de calculs, il auroit pu les préfenter fous un afpect plus lumineux ; mais RAMEAU n'avoit pas le mérite du ftyle.

Plus un homme a de célébrité, & plus les particularités qui le regardent deviennent intéreſſantes. RAMEAU avoit une taille fort au-deſſus de la médiocre ; & ſa maigreur étoit extrême. Sa figure étoit comme ſon ame, celle du génie. Ses yeux étoient pleins de feu, & les traits de ſon viſage fiérement prononcés.

Le vuide qu'il trouvoit dans la ſociété, la lui faiſoit négliger. Il ſe promenoit ſeul la plus grande partie du jour. Souvent ne penſant à rien, il paroiſſoit enfoncé dans les méditations les plus profondes.

Le Jardin du Palais-Royal étoit ſa promenade ordinaire. Un jour qu'il s'y étoit rendu, un petit chien, qu'une dame portoit ſous ſon bras, ne ceſſoit d'aboyer toutes les fois que RAMEAU paſſoit à côté de la dame. Le Muſicien ſe contenta d'abord de témoigner par des ſignes beaucoup d'impatience : à la fin, s'approchant de celle qui tenoit le chien : *Madame*, lui dit-il, *de grace faites taire cet animal, il a la voix on ne peut pas plus deſagréable.* Ce trait peut paroître puérile, mais c'eſt un trait de caractère.

Né pour la gloire, il devoit s'y montrer ſenſible : mais ſa modeſtie lui faiſoit fuir les éloges. Il avoit pour habitude de ſe placer dans une petite loge pendant les repréſentations de ſes Operas ; mais il s'y cachoit de ſon mieux : le public ne pouvoit l'appercevoir ſans ſe tourner de ſon côté, & ſans faire retentir la Salle de ſes applaudiſſemens. Il paroiſſoit alors embarraſſé.

RAMEAU n'eut jamais d'autre maître de compoſition que ſon génie. Il compoſoit plus facilement la Muſique inſtrumentale que la vocale. Il s'étoit exercé de meilleure heure à la première : & d'ailleurs il n'étoit point obligé de s'aſſervir à des paroles auxquelles il falloit ſouvent qu'il prêtât un ſens & de l'expreſſion.

Il ne pouvoit ſouffrir d'être interrompu lorſqu'il travailloit. Quand il avoit trouvé quelque choſe d'heureux, ſa joie éclatoit dans toute ſa perſonne : au contraire, il étoit furieux, s'il ne jugeoit pas ſes productions dignes de ſes efforts.

Il poſſédoit le talent de faire parfaitement ſentir les Ouvrages de ſa compoſition. Il falloit qu'il en eût un bien ſupérieur pour parvenir à réformer l'orcheſtre de l'Opéra. Les Muſiciens qui le compoſoient, lorſqu'il fit repréſenter ſon *Hippolyte*,

étoient

étoient fi médiocres, qu'il fut obligé fouvent de fupprimer plufieurs morceaux qu'il leur étoit impoffible d'exécuter. A force de foins, de patience & de répétitions, il fçut les créer de nouveau.

Aux répétitions de fes Opéras, il fe tenoit affis dans le parterre, où il vouloit être feul. Si quelqu'un venoit l'y troubler, & s'approchoit de lui, il le repouffoit avec la main fans le regarder. Dans ces momens, il s'exprimoit avec tant de chaleur & de volubilité, que fouvent fa bouche fe defféchoit au point, que pour continuer de parler, il étoit obligé de manger quelque fruit, ou de prendre quelque rafraîchiffement.

Ses Ouvrages font une preuve que fon goût n'étoit point exclufif. Quoique Muficien François, il fçut, tant qu'il ofa, imiter de la Mufique Italienne ce qu'il y trouvoit de fupérieur à la nôtre ; & ne crut pas, comme beaucoup d'enthoufiaftes, que nous avions feuls une Mufique, tandis qu'il n'eft pas encore décidé que nous en ayons une qui nous foit propre.

En travaillant pour fa gloire, l'homme de génie doit envifager en même-temps celle de fes concitoyens. Ses lumières & fes connoiffances font des tréfors qui appartiennent à fa patrie, & qu'il doit être jaloux de répandre fur tous ceux qu'il préfume pouvoir en faire un bon ufage. Perfuadé de cette vérité, RAMEAU ne refufa jamais fes fecours à perfonne ; quiconque venoit le confulter, étoit fûr d'en être accueilli. Il exifte encore plufieurs Muficiens célèbres, auxquels il s'empreffa de rendre fervice, & qui ajoutent à leur mérite en publiant fes bienfaits. Il aimoit autant à faire valoir les talens des autres, qu'à faire briller les fiens ; & s'il montra quelquefois trop d'amour pour fes découvertes dans la mufique, c'étoit moins parcequ'elles lui faifoient honneur, que parcequ'il fentoit combien elles étoient utiles.

Il n'appartient qu'aux hommes médiocres d'être envieux : RAMEAU ne le fut de perfonne ; la gloire de Lulli ne l'importuna jamais. Il le furpaffa fans doute : il fit plus, il le loua, & s'en montra fouvent le défenfeur. Loin que des fuccès étrangers puffent lui porter ombrage, il s'empreffoit d'applaudir aux talens de fes contemporains. Il encourageoit fut-tout les jeunes Auteurs. Il ne dédaignoit point d'affifter fouvent aux intermèdes de l'Opera Comique, dans lesquels il reconnut des beautés véritables, & qu'il ne traitoit point de *petit genre*, quoiqu'il eût fait *Castor & Pollux.* Il trouva la musique des *Troqueurs* admirable. Que d'éloges n'eût-il pas donnés à l'Auteur charmant de *Lucile* & du *Tableau Parlant!*

Une affection paternelle ne l'aveugloit pas au point de croire toutes ses productions sans défauts. Il écoutoit volontiers les observations des personnes éclairées, & n'hésita pas souvent de retrancher des morceaux de Musique auxquels il avoit paru d'abord fort attaché. Il pensoit que l'esprit avoit sa vieillesse comme le corps. Il eut la franchise d'avouer dans les derniers temps de sa vie, qu'il sentoit le sien s'affoiblir; il disoit alors à quelqu'un sur ce qu'on desiroit qu'il ajoutât quelques nouveautés dans l'Opéra de *Castor: J'ai plus de goût qu'autrefois, mais je n'ai plus de génie.*

Le ton de liberté qui règne dans sa Musique, annonçoit l'indépendance de son ame. Il faisoit peu sa cour, & n'avoit de relation avec les Grands, que lorsqu'il leur étoit nécessaire.

Le vrai moyen d'encourager les talens est de les recompenser. RAMEAU en méritant les éloges de son Prince, eut part à ses bienfaits: Sa Majesté lui accorda une pension de 2000 livres, & lui donna le titre de Compositeur de la Musique du Cabinet; cette place fut créée pour lui.

Il obtint ces différentes récompenses après avoir fait la musique des intermèdes de la *Princesse de Navarre*, Comédie de M. de Voltaire, & celle du *Temple de la Gloire*, Opéra du même Auteur: ces deux productions méritèrent au Poëte & au Musicien les plus grands applaudissemens; elles furent données pour le mariage du Dauphin dont la perte ne cessera d'exciter nos regrets.

Le choix qu'on vient de faire de *Castor & Pollux* dans la distribution des Fêtes destinées à célébrer le mariage qui cause aujourd'hui notre joie, est un nouvel hommage qu'on rend aux talens de RAMEAU. Il étoit sur le point d'être décoré de l'Ordre de S. Michel, lorsque la mort vint l'enlever. Ennobli par ses talens, il le fut aussi par des Lettres du Prince: il ne fut point de l'Académie des Sciences, mais il mérita d'en être.

Tel fut RAMEAU. Cet Artiste célèbre est mort le 23 août 1764. Il avoit époufé Marie-Louife Mangot qui lui furvit, & dont il a laiffé plufieurs enfans, deux filles, & un fils, Officier de la Chambre du Roi.

RAMEAU, fils d'un Muficien, eut un frère & une fœur qui l'étoient auffi. La ville de Dijon, qui avoit perdu RAMEAU, craignant auffi de fe voir enlever fon frère, le fixa dans fa patrie par l'exemption des charges publiques, & par une penfion, modique à la vérité, mais toujours honorable aux talens.

La mort de RAMEAU devoit exciter les regrets de tous ceux qui chériffent les arts ou qui les cultivent. Plufieurs Poëtes les exprimèrent dans leurs vers. La Capitale & la Province s'empreffèrent auffi de les témoigner par différens fervices folemnels qu'ils firent célébrer. Dans celui qui fe fit à l'Oratoire, aux frais des Directeurs de l'Opera, & qui attira un très-grand concours de monde, on adapta aux prières de l'Eglife plufieurs beaux morceaux de *Dardanus* & de *Caftor*.

Il y eut un fecond fervice dans l'Eglife des Carmes du Luxembourg. M. *Philidor* avoit compofé la Mufique qui reçut des applaudiffemens. Un pareil hommage étoit une dette dont l'Auteur de *Tom-Jones* s'acquittoit envers RAMEAU. Celui-ci avoit des droits fur fa reconnoiffance par l'eftime qu'il lui accordoit, & par les éloges qu'il lui donna lorfque le *Maréchal* parut.

En rendant compte des différens honneurs que chacun s'eft empreffé de rendre à la mémoire de RAMEAU, on ne doit point négliger de donner des éloges au zèle que fes compatriotes & les Académiciens de Dijon ont fait éclater pour célébrer fa gloire. Sur une fimple annonce de l'Auteur du Journal Encyclopédique, qui avoit imprimé qu'on propofoit une foufcription pour élever une ftatue à RAMEAU, plufieurs d'entr'eux fe hâtèrent d'écrire à Paris pour fe faire infcrire. L'avis fe trouva faux ; ils en témoignèrent leurs regrets.

M. le Goux, ancien Grand-Bailli de la Nobleffe du Dijonnois, & Académicien Honoraire, vient de ranimer leur joie en faifant travailler au bufte de ce grand homme, qui doit être placé dans une falle de l'Académie de Dijon, à côté de plufieurs autres perfonnes, illuftres par leurs talens, à qui cette ville a donné le jour.

On voit auffi le bufte de RAMEAU dans les foyers de l'Opéra. Chaque Muficien devroit l'avoir devant lui toutes les fois qu'il compofe : fes traits lui

rappelleroient ſes chefs-d'œuvres ; & peut-être qu'animé de ſon génie, il par-
viendroit lui-même à l'immortalité.

Depuis la mort de RAMEAU l'envie s'eſt réveillée, & l'a pourſuivi juſques
dans ſon tombeau. Un de nos plus célèbres Muſiciens s'eſt efforcé d'affoiblir
la gloire de l'Auteur de *Caſtor :* il a ſans doute des talens ſupérieurs ;

Mais pour ſiffler RAMEAU l'on doit être un Orphée.

Diſcours ſur l'envie , par Voltaire.

Garand. Pinx.   Ga. Dagoty. Sculp.

Françoise de Grafigny

MADAME DE GRAFIGNI.

FRANÇOISE D'ISSEMBOURG DE GRAFIGNI, de l'Académie de Florence, naquit à Nancy en 1694. Sa naissance ne fut pas moins illustre que ses talens. Elle étoit fille unique de François-Henri d'Issembourg, Seigneur d'Appon-court, & de Marguerite de Saureau, fille d'Antoine de Saureau, Baron de Houdmon & de Vendouvre. Son père, sorti de l'ancienne & illustre maison d'Issembourg en Allemagne, servit en France dans les premières années de sa jeunesse, & fut Aide-de-Camp du Maréchal de Boufflers, au siége de Namur. LOUIS XIV, content de ses services, le reconnut Gentilhomme en France, comme il l'étoit en Allemagne, & confirma tous ses titres. Il s'attacha depuis à la Cour de Léopold, premier Duc de Lorraine, qui le fit Lieutenant de ses Chevaux-Légers, Major de ses Gardes, & Gouverneur de Boulai & de la Sarre.

FRANÇOISE D'ISSEMBOURG épousa François Huguet de Grafigni, Exempt des Gardes-du-Corps, & Chambellan du Duc de Lorraine. Son mariage ne fut pas heureux; elle eut beaucoup à souffrir de son mari, & fut contrainte de s'en faire séparer juridiquement : elle en avoit eu plusieurs enfans, qui moururent dans l'âge le plus tendre. Leur père leur survécut : il ne vivoit plus lorsque Madame DE GRAFIGNI se rendit à Paris.

Elle y accompagna en 1740, Mademoiselle de Guise, qui venoit y épouser le Duc de Richelieu : sans cette circonstance, elle n'auroit peut-être jamais entrepris ce voyage, auquel la modicité de sa fortune ne lui permettoit pas de songer. Peut-être aussi doit-on à la même circonstance les écrits de cet Auteur célèbre, qui commençoit à être d'un âge avancé, lorsque son premier ouvrage parut. Combien de talens perdus, qui n'attendoient qu'une occasion pour se développer !

MADAME DE GRAFIGNI ne tarda pas à être recherchée parmi les beaux esprits. Bien-tôt elle fut admise dans une société particulière de Gens de lettres, aux travaux desquels on la pria de s'associer. Sollicitée d'insérer quelque Pièce dans le *Recueil de ces Messieurs*, vol. *in-12.* qui parut en 1745, elle leur fournit une nouvelle Espagnole, intitulée : *Le mauvais exemple produit autant de Vertus que de Vices.* Ce Morceau, le plus confidérable du Recueil, eſt écrit dans le goût du ſiècle : il eſt par-tout femé de maximes.

Quels que ſoient les défauts de cet ouvrage , il étoit fait pour trouver des lecteurs : il ne plut cependant pas à la plupart des aſſociés ; ils ſe permirent alors beaucoup de plaiſanteries contre l'Auteur , que ſa qualité de femme auroit au moins dû mettre à l'abri de leurs inſultes.

MADAME DE GRAFIGNI piquée avec raiſon des railleries de ces Meſſieurs, ſur la nouvelle Eſpagnole, réſolut de ſe retirer d'une ſociété dont elle avoit fait l'avantage , & qui ne la payoit que d'ingratitude. Ce fut alors qu'elle compoſa dans le ſecret les *Lettres d'une Péruvienne.* Ce Roman, l'ouvrage du cœur & de l'eſprit, eut tout le ſuccès qu'il méritoit. L'amour y eſt peint avec les couleurs les plus vives ; les mœurs, le caractère & les ridicules de notre Nation y ſont ſaiſis d'après nature ; & ſi l'on en excepte les *Lettres Perſannes*, on n'en a jamais fait une critique qui réuniſſe autant de fineſſe & de vérité.

Rien de ſi ſimple que le ſujet des *Lettres Péruviennes* : Zélia, jeune princeſſe du Sang des Incas, étoit deſtinée par ſa naiſſance à épouſer Aza , fils de l'Incas régnant. Déja ces deux amans unis par l'amour, étoient ſur le point de devenir époux, lorſqu'ils ſont faits eſclaves des Eſpagnols. On les embarque, chacun ſéparément. Le vaiſſeau qui portoit la Princeſſe eſt attaqué & pris par un navire François que Déterville commandoit. Elle arrive en France ; Déterville qui en eſt devenu amoureux, mais qui pour prix de ſon amour n'a pu obtenir que de l'eſtime & de la reconnoiſſance, met Zélia dans un couvent ; c'eſt-là qu'elle écrit à ſon cher Aza ; mais de qui s'occupoit-elle ? d'un ingrat, qui s'eſt attaché en Eſpagne à un autre objet, & qui ne vient en France que pour ſe dégager de la foi qu'il lui a promiſe. L'infidélité d'Aza n'opère aucun changement ſur le cœur de la tendre Zélia ; elle renonce à former de nouvelles chaînes, & ſe deſtine à vivre dans la retraite , pour tâcher d'oublier l'inconſtant qu'elle a trop aimé. Tel eſt le fond de ces Lettres charmantes, à qui l'on ne peut reprocher qu'un ſtyle quelquefois maniéré, & un ton de métaphyſique peu propre à exprimer le ſentiment.

Le ſuccès de *Cénie*, comédie en cinq actes, qui parut après les *Lettres Péruviennes*, acheva de fixer la célébrité de Madame DE GRAFIGNI. Ce drame, fait pour refter au théâtre, & pour y être toujours applaudi, eft écrit avec beaucoup de goût, & fur - tout d'intérêt. Il annonce en même temps la plus grande connoiffance du monde, le fentiment le plus épuré, & la Philofophie la plus faine. Le plan n'en eft point compliqué ; la conduite en eft fage, la marche aifée, les fcènes bien amenées, & le dénouement très - heureux. De pareils ouvrages fuffiroient pour juftifier notre goût pour ces pièces touchantes, qui tenant le milieu entre le tragique & la comédie, ne peuvent être pour nous qu'une nouvelle fource de plaifirs.

On prétend que Madame DE GRAFIGNI a pris pour modèle du rôle de *Cénie*, fa nièce, aujourd'hui Madame Helvétius, & dont l'anagramme eft *Cénie*. Les perfonnes qui ont l'avantage de connoître Madame Helvétius, peuvent s'affurer de la reffemblance du Portrait.

Cette comédie a été mife en vers par M. Deflongchamps, jeune Poëte, qu'une mort prématurée a enlevé à la République des Lettres. On trouve dans cette efpèce de traduction des morceaux qui ne font point inférieurs à l'original. *Cénie*, célébrée par les larmes qu'elle fit répandre, le fut auffi par les vers des Poëtes.

Il s'en eft bien fallu que la *Fille d'Ariftide*, autre comédie en cinq actes, du même Auteur, ait reçu les applaudiffemens qui furent donnés à *Cénie*. La chute de cette Pièce fut la caufe de la maladie dont Madame DE GRAFIGNI mourut, en 1758, âgée de foixante-quatre ans. Elle a paru imprimée peu de temps après la mort de l'Auteur, qui le jour même de fa mort, avoit, dit-on, corrigé la dernière épreuve.

Outre ces deux Comédies, Madame DE GRAFIGNI avoit auffi compofé un petit Acte de Féerie, intitulé *Azor*, qui n'a pas été donné au Théâtre. Elle a encore laiffé trois ou quatre Pièces en un acte, repréfentées à Vienne, par les enfans de l'Empereur ; ce font des fufets fimples & moraux, à la portée de l'augufte jeuneffe qu'elle vouloit inftruire.

On ne fait prefque aucune particularité de la vie de Madame DE GRAFIGNI. Sa modeftie impofa le filence fur ce qui pouvoit la regarder. On fait en général, qu'elle effuya beaucoup de difgraces, qu'elle dut en partie à fa grande fenfibilité. Elle eut cependant l'avantage de fe concilier l'eftime de Leurs Majeftés, l'Empereur & l'Impératrice, Reine de Hongrie, dont elle reçut beaucoup de préfens : elle avoit même une penfion confidérable du premier. Elle eut auffi l'honneur d'être en commerce épiftolaire avec Leurs Alteffes Royales, le Prince Charles & la Princeffe Charlotte de Lorraine.

Les perfonnes fenfibles ont prefque toujours un caractère férieux : tel étoit celui de Madame DE GRAFIGNI ; l'amour de la gloire qu'elle portoit fort loin, lui faifoit fupporter difficilement la plus légère critique. Mais en convenant de bonne foi qu'une épigramme lui caufoit beaucoup de chagrin, elle déféroit avec docilité aux avis que l'impartialité lui donnoit ; douce, bienfaifante, d'un commerce fûr & d'une humeur égale, Madame DE GRAFIGNI mérita d'avoir des amis auffi véritables qu'éclairés. Elle avoit laiffé fes Livres à M. Guymond de la Touche, auteur d'une excellente tragédie d'*Iphigénie en Tauride*, & d'une *Épître à l'Amitié*. Ce dernier, mort jeune, ne lui a furvécu que d'un an. Quel dommage qu'un homme dont l'effai annonçoit un talent décidé, & qui auroit pu devenir le rival des Maîtres de la Scène Françoife, ait été arrêté dès les premiers pas de fa carrière !

www.ingramcontent.com/pod-product-compliance
Lightning Source LLC
Chambersburg PA
CBHW050003100426

42739CB00011B/2484